靠 ETF 聰明存千萬 全圖解

人人都能學會

《Smart 智富》真‧投資研究室 ◎著

CONTENT

擬定進場策略
從容應對實戰

Chapter 3

建立資產配置
完善投資計畫

Chapter 4

編者
前言

ETF不再是「無腦的懶人投資」

近年來，隨著全球資金持續湧入 ETF 市場，無論是國內還是海外，ETF 毫無疑問地已成當今的投資主流之一，而台灣在 ETF 市場的表現上也不遑多讓，尤其是從近 2 年來囊括各種選股因子（Smart beta）的新型態 ETF，正如雨後春筍般不斷竄出、一檔檔接力問世，不難看出投資人對 ETF 的關注與喜愛程度有增無減，即便今（2022）年來全球各大主要股市多遭逢熊掌、出現顯著下挫，台股也難以倖免，卻無法澆熄台灣投資人對 ETF 的熱情。

依台灣指數公司所揭露的資料中顯示，截至 2022 年 6 月底，國內的 ETF 總管理資產規模已來到新台幣 2 兆 1,900 億元，ETF 總數也已來到 233 檔之多，在標的數量和規模上有明顯成長的趨勢，且不斷在增加當中。不難看出 ETF 儼然已成為這個時代下的投資新顯學，很難想像在 10 幾、20 年前的台灣，可選擇的 ETF 標的寥寥無幾，對比今日 ETF 盛況空前的景象，猶如兩個世界。

過去 ETF 時常被認為是種「無腦的懶人投資」，其實並不完全正確，最主要的原因是這些年來在 ETF 愈趨蓬勃發展下，標的愈來愈多元、指數的運作邏輯也有愈來愈複雜、愈來愈難懂的趨勢。

另外，ETF 當然也不是投資「萬靈丹」，畢竟每檔 ETF 的選股邏輯、運作特色不同，最終所得到的投資效果（報酬）也會有著極大的差異。因此，在當今這個 ETF 百花齊放的時代，無論是投資小白或是股市老手，在資金有限下，同時又得面對各種琳琅滿目、題材新穎的 ETF，勢必得面臨「如何挑選」的問題。

因此，要能選出適合自己的 ETF，就得在投資前先行了解各檔 ETF 的投資屬性、特色、收益分配的差異、是否適合長期持有等。

而在投資 ETF 過程中，投資人心中最常出現的疑問不外乎像是「該如何選出適合自己的 ETF？」「ETF 可以存股嗎？」「存個股和存 ETF 有何不同？」「什麼樣類型的 ETF 適合存？」「該怎麼存效益最大？」「高息型 ETF 或特定產業的主題型 ETF，這種熱門 ETF 可以長期持有嗎？」「如果想利用 ETF 做退休規畫，可以怎麼做搭配或組合？」「用 ETF 存到千萬資產可行嗎？」。本書將以平易近人的文字搭配圖像化的表格與圖解，一一為你解開 ETF 投資路上的種種困惑與疑難雜症。

在這個通膨高燒不退、薪資漲幅跟不上房物價飛漲的年代，別再猶豫，勢必更得好好利用 ETF 這項投資工具，透過正確的投資觀念與方式，聰明投資、放大荷包，及早邁向理想的嶄新人生。

《Smart智富》真·投資研究室

建立正確觀念
打穩投資基礎

1-1 比存單一個股更穩當 存ETF成投資新顯學

　　距今最近一次、令人聞之色變的全球大型股災——2008 年金融海嘯發生以來也已過了 10 多個年頭，雖然當時全球各大股市皆受到重挫，但隨後也迎來一波波的強勁牛市，台股當然也不例外。

　　觀察台股發行量加權股價指數（大盤）在股災後的變化，這 10 幾年間的台股儼然也走出了一個「大多頭時代」，尤其是近 2 年（2020 年～ 2021 年）來更是牛氣沖天，大盤一路呈現驚驚漲的格局，甚至用「沒有最高、只有更高」來形容當時的多頭盛況也不為過！屢創新高的大盤在 2021 年最後一個交易日收盤時，指數以 1 萬 8,218 點的「萬八之姿」亮麗封關，創下台股近 60 年來的新高紀錄。

　　而且，光是 2021 年一整年，大盤就漲了足足有 3,486 點之多，相當於 23.6% 的漲幅，非常驚人（詳見圖 1）！

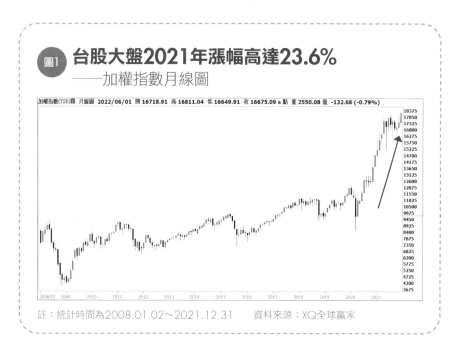

圖1 台股大盤2021年漲幅高達23.6%
——加權指數月線圖

加權指數(TSE) 月線圖 2022/06/01 開 16718.91 高 16811.04 低 16649.91 收 16675.09 s 點 量 2550.08 億 -132.68 (-0.79%)

註:統計時間為2008.01.02~2021.12.31　　資料來源:XQ全球贏家

投資門檻低、具分散風險,ETF成市場寵兒

　　隨著全球市場偏多,有愈來愈多的資金不斷湧入 ETF 這塊市場,各大基金業者亦趁勢推出各種新式 ETF 積極搶市。觀察台灣過去近 20 年的 ETF 市場情況,不論是在檔數、類型,或是整體基金資產規模上,都有顯著增加的趨勢,尤其是近 3 年(2020 年~ 2022 年)間更呈現爆炸式成長,各種主題式 ETF 有如百花齊放般一檔檔接連問世,常見的熱門主題像是 5G、半導體、電動車、元宇宙等,日

趨多元。

依台灣指數公司所揭露之資訊，截至 2022 年 4 月，台灣 ETF 掛牌檔數（包括債券型、原型和槓反型）已來到 232 檔，總管理資產規模已突破 2 兆元大關，來到 2 兆 2,400 億元之多、與 2021 年同期相比，短短 1 年間總管理資產規模增加 3 成多，年增率為 31.76%，不難看出 ETF 已成為當今投資人的熱門選擇（詳見圖 2）。

在這樣的 ETF 投資熱潮下，很難想像 10 多年前的台灣，在那個 ETF 投資風氣尚未如此盛行的年代，當時若想認真投資 ETF，恐怕會面臨沒有多少標的可選擇的窘境。

對比當今定存利率多數時候只有 1% 左右的情況，愈來愈多人會選擇把資金放在「高殖利率」（5% 以上）、「營運穩健」且「穩定配息」符合這 3 種特色的個股，並透過買進後長期持有的方式投資，同時亦透過配息來創造被動金流收入，這種投資方式，也就是時下投資人口中常提及的「定存股」或「存股」（詳見表 1），在市場長期走多的格局和氛圍下，這類型的投資方式，儼然已成為當今最盛行的投資顯學之一。

不過，以往這種只存「單一個股」的存股法，現在看來似乎已愈

圖2 台灣ETF資產規模已突破2兆元
——台灣ETF掛牌檔數與資產規模變化

註：資料日期至2022年4月底　　資料來源：台灣指數公司

來愈不合時宜，因為對多數人來說，長期存股最大的困難點就在於「選股」本身，倘若是存錯標的、存股變「存骨」，畢生積蓄因而付之一炬，這可不是單單用悲劇2個字就足以形容！即便現在手中的持股，在過去長時間裡都有穩健亮眼的表現，但仍得面臨最大的問題，那就是——誰也無法保證未來表現會如何。

　　觀察台股過去近30年的歷史中（詳見表2），不難發現，即便當時存的股票是如日中天、未來前景一片看好的股王或股后，在存

元大台灣50定期定額戶數逾15萬人
——台灣定期定額戶數排名前20個股與ETF

排名	個股		ETF	
	名稱（股號）	定期定額戶數（戶）	名稱（股號）	定期定額戶數（戶）
1	台積電（2330）	59,078	元大台灣50（0050）	154,883
2	兆豐金（2886）	29,701	元大高股息（0056）	124,348
3	玉山金（2884）	24,516	國泰永續高股息（00878）	73,139
4	合庫金（5880）	14,323	富邦台50（006208）	68,865
5	第一金（2892）	11,964	富邦公司治理（00692）	29,947
6	中華電（2412）	10,012	國泰台灣5G＋（00881）	27,447
7	中信金（2891）	8,871	元大臺灣ESG永續（00850）	14,097
8	台 泥（1101）	8,632	富邦越南（00885）	11,615
9	台新金（2887）	8,052	國泰智能電動車（00893）	10,897
10	富邦金（2881）	7,623	國泰股利精選30（00701）	8,798
11	鴻 海（2317）	6,667	元大S&P500（00646）	7,232
12	開發金（2883）	6,616	中信關鍵半導體（00891）	6,724
13	元大金（2885）	6,096	富邦上証（006205）	5,490
14	永豐金（2890）	5,568	富邦科技（0052）	4,959
15	國泰金（2882）	5,450	富邦特選高股息30（00900）	4,917
16	台達電（2308）	4,737	富邦NASDAQ（00662）	4,793
17	中 鋼（2002）	4,689	國泰費城半導體（00830）	4,645
18	聯發科（2454）	4,249	富邦未來車（00895）	4,420
19	潤泰新（9945）	3,596	FH富時不動產（00712）	4,003
20	統 一（1216）	3,423	元大全球5G（00876）	3,793

註：1. 資料日期為2022.04；2. 元大全球5G原名簡稱為元大未來關鍵科技
資料來源：台灣證券交易所

股王大立光股價最高曾突破6000元
——台股歷代股王更迭史

時間（年度）	股王名稱（股號）	當時最高股價（元）
1987～1991	國　壽 （現已併入國泰金（2882））	1,975
1991	華　園（2702）	1,075
1992	厚　生（2107）	370
1993～1994	國　壽 （現已併入國泰金（2882））	288
1995	彰　銀（2801） 台積電（2330）	196
1996～1999	華　碩（2357）	890
2000	禾伸堂（3026）	999
2001～2003	聯發科（2454）	783
2004	大立光（3008）	469
2005	茂　迪（6244）	985
2006	宏達電（2498）	1,220
2007	伍　豐（8076）	1,085
2008	宏達電（2498）	888
2009	聯發科（2454）	558
2010～2011	宏達電（2498）	1,300
2012～至今	大立光（3008）	6,075

註：資料日期至 2022.08.03 收盤止，大立光收盤價為 2,065 元，依舊位居股王寶座
資料來源：XQ 全球贏家

個 10 年、20 年後也未必賺錢。隨意抽取過去幾檔昔日股王觀察，今昔股價都存有著極大的落差。以宏達電（2498）來說，距今最近一次登上股王時間約為 10 年前（2010 年～ 2011 年），當時股價最高曾來到 1,300 元，但隨後股價卻開始是一路向下，至今尚未能重返昔日榮耀，其他昔日股王或部分熱門個股，可能或多或少都有類似的情況。不難發現背後的一個關鍵重點是——長期存單一個股，是有極高的風險性的。

與個股相較之下，ETF 因為買進一籃子股票，也因為持有標的數量眾多，具有分散風險的特性，再加上投資門檻低、投資方式簡單易懂等特性，而且部分 ETF 過去亦能繳出不輸大盤的報酬成績，都是投資 ETF 風氣愈來愈盛的原因之一，而存股也開始慢慢地產生質變與進化——從存個股進化為「存 ETF」，時至今日，也有愈來愈多人選擇加入 ETF 的存股行列。

透過「複利效果」放大報酬

著名股神巴菲特（Warren Buffett）曾經說過一句話：「人生就像滾雪球，重要的是要能找到夠濕的雪，以及一個夠長的坡道（Life is like a snowball. The important thing is finding wet snow and a really long hill.）。」短短幾句話，就清楚點出了長期投資的關鍵重

點，其中「夠濕的雪」我們可以將它視為「投資報酬率」，而「夠長的坡道」所代表的則是「時間」。除了這 2 點外，其實還有第 3 個不可忽視的重要元素，就是「本金」的多寡，這 3 個是影響最終存股成效的 3 大關鍵（詳見圖 3）。

　　對於長期投資的存股族來說，或許很常聽見一個投資名詞叫做「複利」。以儲蓄來說，單利就是本金固定，不會把利息計入本金中，將每年所領到的利息金額領出後不再投入，由於每期的本金金額都相同，在利率不變的情況下，每一期能領到的利息額也都相同，這種投資方式就稱為「單利」；相反地，如果將每期所領到的利息再投入、加在一開始的本金中，下一期的本金即是「上一期的本金＋上一期的利息」，如此一來在本金變大的情況下，新的一期利息額也會跟著增加，達到放大報酬的效果，這就稱為「複利」。

1.「單筆儲蓄」試算

舉例來說，小Ａ想做單筆儲蓄，手中本金有100萬元，想將這筆錢放在利率6%的標的中，但不知道在單利和複利這2種計算下，最終累積的資產金額會相差多少？計算方式如下：

①單利

每期的利息收益只以「起始本金」做計算（詳見表3）。

❶本金：100萬元。

❷年利率（報酬率）：6%。

❸計算結果：每年（期）利息額固定為6萬元（＝100萬元×6%），本金為100萬元，每年能領到的利息金額為6萬元，10年間累積的總利息額則為60萬元，最後的總資產則是160萬元。

②複利

每期收取的利息額，本金是以「前一期本金＋前一期利息」計算（詳見表4）。

❶本金：100萬元。

❷年利率（報酬率）：6%。

❸計算結果：由於是採「複利計算」，每期的利息額是以前一期

年報酬率6%，10年單利累積資產為160萬元
——單筆儲蓄單利試算

投資年數（第 N 年）	單利計算		
	本金（元）	收益金額（元）	當年資產總額（元）
1	1,000,000	60,000	1,060,000
2	1,000,000	60,000	1,120,000
3	1,000,000	60,000	1,180,000
4	1,000,000	60,000	1,240,000
5	1,000,000	60,000	1,300,000
6	1,000,000	60,000	1,360,000
7	1,000,000	60,000	1,420,000
8	1,000,000	60,000	1,480,000
9	1,000,000	60,000	1,540,000
10	1,000,000	60,000	1,600,000
最終資產總額（元）	1,600,000		

註：1. 本金為 100 萬元、年報酬率 6%；2. 金額以四捨五入取至整數

本金加上前一期的利息額，再下去計算新的一期的利息收益。

　　第 1 年本金為 100 萬元，利息 6% 下的利息收益為 6 萬元，所以第 1 年的總收益為 106 萬元（＝本金 100 萬元＋利息額 6 萬元），但第 2 年起，和採單利方式的金額就開始有落差了。複利的

表4 **年報酬率6%，10年複利累積資產近180萬元**
——單筆儲蓄複利試算

投資年數（第N年）	複利計算		
	本金（元）	收益金額（元）	當年資產總額（元）
1	1,000,000	60,000	1,060,000
2	1,060,000	63,600	1,123,600
3	1,123,600	67,416	1,191,016
4	1,191,016	71,461	1,262,477
5	1,262,477	75,749	1,338,226
6	1,338,226	80,294	1,418,520
7	1,418,520	85,111	1,503,631
8	1,503,631	90,218	1,593,849
9	1,593,849	95,631	1,689,480
10	1,689,480	101,369	1,790,849
最終資產總額（元）	1,790,849		

註：1. 本金為 100 萬元、年報酬率 6%；2. 金額以四捨五入取至整數

第 2 年本金額為前一年的「本金加利息」，所以為 106 萬元，而
當年度的利息額則是 6 萬 3,600 元（＝ 106 萬元 ×6%），比前
一年多了 3,600 元，而第 2 年的資產總額則為 112 萬 3,600 元（＝
本金 106 萬元＋利息額 6 萬 3,600 元）。以此類推，到第 10 年時，
總資產則成長到 179 萬 849 元。

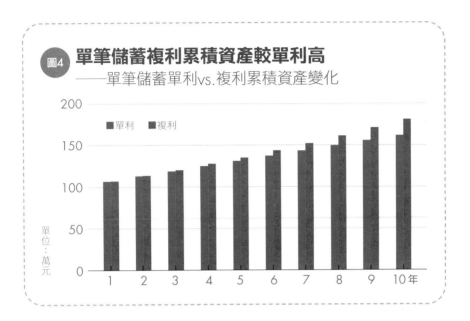

圖4 單筆儲蓄複利累積資產較單利高
──單筆儲蓄單利vs.複利累積資產變化

　　一樣 10 年時間，採單利計算方式最終所累計的總資產金額為 160 萬元，而採複利計算方式卻成長到 179 萬 849 元，兩者竟相差將近 20 萬元之多（19 萬 849 元），若本金更大，金額差距也會跟著更明顯（詳見圖 4）！由此可知，在時間、利息（報酬率）及本金皆相同的情況下，運用單利、複利不同的投資方式，最終所得到的資產收益，會有著極為顯著的差異性。

　　其實，不論是存單一個股或存 ETF，若要將時間價值發揮到淋漓盡致，「複利效果」絕對是關鍵，不過 ETF 該怎麼存，才有複利效

果呢？最簡單的方式之一，就是把所領到的股息「再投入」。那做ETF存股，在單利、複利2種不同方式下，又會是什麼情況呢？

依台灣證券交易所公布的發行量加權報酬指數（大盤含息）之資訊，觀察2011年～2021年（2012.01.01～2021.12.31）期間的台股大盤的報酬表現，這10年來台股大盤的含息年化報酬率高達14.15%！而在長期持有ETF的表現上，我們以台灣最具代表性、和大盤表現連動性極高的股票市值型ETF──元大台灣50（0050）的長期報酬表現來進行參考（詳見圖5）。

依晨星數據統計，同樣以近10個完整年度觀察（2012.01.01～2021.12.31），0050的年化報酬率高達14.55%，比大盤同期間表現略勝一籌。不過，由於過去10年台股整體而言是一個多頭牛市格局，兩者在報酬上自然都能繳出亮眼成績，但在未來10年、20年時間裡，不見得還能繳出年化報酬率10%以上的好成績，畢竟誰也不知道未來市場的情況會如何、牛市會持續多久，因此在下列ETF長期存股的試算中，報酬率保守估計以8%試算。

2.「定期定額」試算

相較於先前以「單筆儲蓄」比較單利、複利的例子，我們這次以多數小資族最常用的投資方式──「定期定額」來做簡單試算，條

圖5 **0050與台股大盤連動性極高**
——元大台灣50（0050）與加權報酬指數績效走勢

加權報酬指數
元大台灣 50（0050）

單位：%

註：統計時間為2003.06.30～2022.06.10　　資料來源：MoneyDJ

件為：每年投入金額固定 6 萬元（相當於每月 5,000 元）、年化報酬率 8%、總投資年數為 20 年，數字採四捨五入計算，分別來看看單利與複利的差異。

①單利

由於一開始做定期定額，所以期初金額為 0 元（先前未投入），而第 1 年的本金即是定期投入的 6 萬元，因此當期收益為 4,800 元（＝6 萬元 ×8%），當年度的資產總額即為 6 萬 4,800 元（＝

表5 **年報酬率8%，20年單利累積資產約129萬元**

投資年數 （第N年）	單利計算				
	期初金額 （元）	每期投入 （元）	當期本金 （元）	收益金額 （元）	資產累積金額 （元）
1	0	60,000	60,000	4,800	64,800
2	60,000	60,000	120,000	9,600	129,600
3	120,000	60,000	180,000	14,400	194,400
4	180,000	60,000	240,000	19,200	259,200
5	240,000	60,000	300,000	24,000	324,000
6	300,000	60,000	360,000	28,800	388,800
7	360,000	60,000	420,000	33,600	453,600
8	420,000	60,000	480,000	38,400	518,400
9	480,000	60,000	540,000	43,200	583,200
10	540,000	60,000	600,000	48,000	648,000

註：1. 每年投入6萬元、年報酬率8%；2. 金額以四捨五入取至整數

當期本金6萬元＋收益金額4,800元）；第2年的本金，則為第1年投入的金額6萬元加上第2年固定投入的6萬元，因此本金為12萬元，當年的收益則為9,600元（＝當期本金12萬元×8%），而當年度最終資產額為12萬9,600元。

以此方式計算，20年後總資產為129萬6,000元，當中120

──定期定額單利試算

投資年數（第N年）	單利計算				
	期初金額（元）	每期投入（元）	當期本金（元）	收益金額（元）	資產累積金額（元）
11	600,000	60,000	660,000	52,800	712,800
12	660,000	60,000	720,000	57,600	777,600
13	720,000	60,000	780,000	62,400	842,400
14	780,000	60,000	840,000	67,200	907,200
15	840,000	60,000	900,000	72,000	972,000
16	900,000	60,000	960,000	76,800	1,036,800
17	960,000	60,000	1,020,000	81,600	1,101,600
18	1,020,000	60,000	1,080,000	86,400	1,166,400
19	1,080,000	60,000	1,140,000	91,200	1,231,200
20	1,140,000	60,000	1,200,000	96,000	1,296,000
最終累積資產總額（元）		1,296,000			

萬元是 20 年間所投入的本金總和，期間的收益僅有 9 萬 6,000 元
（詳見表 5）。再來看同樣條件下，採複利計算後的資產變化會是
什麼情況呢？

②複利

第 1 年的情況和單利情形差不多，由於先前尚未開始投入，故期

表6 年報酬率8%，20年複利累積資產約296萬元

投資年數 （第N年）	複利計算				
	期初金額 （元）	每期投入 （元）	當期本金 （元）	收益金額 （元）	資產累積金額 （元）
1	0	60,000	60,000	4,800	64,800
2	64,800	60,000	124,800	9,984	134,784
3	134,784	60,000	194,784	15,583	210,367
4	210,367	60,000	270,367	21,629	291,996
5	291,996	60,000	351,996	28,160	380,156
6	380,156	60,000	440,156	35,212	475,368
7	475,368	60,000	535,368	42,829	578,197
8	578,197	60,000	638,197	51,056	689,253
9	689,253	60,000	749,253	59,940	809,193
10	809,193	60,000	869,193	69,535	938,728

註：1. 每年投入 6 萬元、年報酬率 8%；2. 金額以四捨五入取至整數

初本金一樣為 0 元、當期投入 6 萬元後當期本金為 6 萬元，當年收益金額則為 4,800 元（＝6 萬元 ×8%），年度資產共計為 6 萬 4,800 元。

不過，從第 2 年就開始不同了！第 2 年的本金，除了每年定期投入的 6 萬元外，還要計入前一年的本金 6 萬 4,800 元，所以當年

──定期定額複利試算

投資年數 （第 N 年）	複利計算				
	期初金額 （元）	每期投入 （元）	當期本金 （元）	收益金額 （元）	資產累積金額 （元）
11	938,728	60,000	998,728	79,898	1,078,626
12	1,078,626	60,000	1,138,626	91,090	1,229,716
13	1,229,716	60,000	1,289,716	103,177	1,392,893
14	1,392,893	60,000	1,452,893	116,231	1,569,124
15	1,569,124	60,000	1,629,124	130,330	1,759,454
16	1,759,454	60,000	1,819,454	145,556	1,965,010
17	1,965,010	60,000	2,025,010	162,001	2,187,011
18	2,187,011	60,000	2,247,011	179,761	2,426,772
19	2,426,772	60,000	2,486,772	198,942	2,685,714
20	2,685,714	60,000	2,745,714	219,657	2,965,371
最終累積資產總額（元）			2,965,371		

本金額為 12 萬 4,800 元，當年收益金額則約為 9,984 元，年度總資產合計為 13 萬 4,784 元。

以此類推，在 20 年後，本金同樣為 120 萬元，但總資產竟然來到 296 萬 5,371 元之多（詳見表 6）！最主要的原因在於單利計算下的資產是線型成長，但複利的資產卻是指數成長！從圖 6 能清

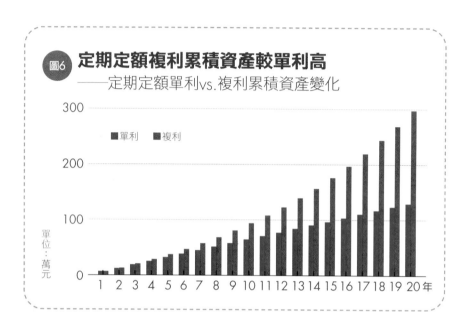

圖6 定期定額複利累積資產較單利高
——定期定額單利vs.複利累積資產變化

單位：萬元

楚看到，在投入金額、標的年化報酬率、時間都一樣條件的情況下，20 年後竟然相差 166 萬 9,371 元（＝ 296 萬 5,371 元 –129 萬 6,000 元）！這也是「複利」被譽為「世界第 8 大奇蹟」的原因！

　　不過，要特別注意的是，ETF 並非投資萬靈丹、或是買進後就棄之不理的懶人投資，最主要的原因在於，不是所有類型的 ETF 都適合長期存股，至於何種類型的 ETF 較適合、如何操作等內容，將會在後面的章節中一一為大家做深入探討和解說。

釐清股票與ETF差異
避免投資成果不如預期

1-2

　　先前曾提到，在市場走多、投資 ETF 風氣愈來愈盛的時空背景下，愈來愈多投資人選擇用存股的方式來存 ETF；不過實際上，存 ETF 和存個股還是有許多本質上的不同，在投資前務必得先釐清兩者的主要差異。

　　在開始進行比較前，先簡單複習一下什麼是「ETF」。ETF 英文全名為「Exchange Traded Fund」，英文字面上的意思為「交易所中買賣基金」，在台灣比較正式的中文名稱則叫做「指數股票型基金」，常聽見更為通俗的解釋，就是買進一籃子標的（編按：一籃子標的可以是股票、債券或是商品等）的指數型基金。

　　由於每檔 ETF 背後都會追蹤一個特定指數，不論指數報酬表現好壞，ETF 都曾跟著一起連動，或當指數有成分更動、調整時，對應的 ETF 也得跟著一起再平衡。

也因為多數 ETF 擁有上述提及的這些特色——跟著指數連動、自動換股與執行汰弱留強等，相較於主動性強、積極性高的主動式基金（共同基金）來說，顯得較為「被動」，因此在過去很長的一段時間裡，ETF 被不少投資人認為是種較為「被動」的投資方式。

不過，隨著近年來新式的 ETF 不斷推陳出新，加入了各種新型態、琳瑯滿目的選股因子（Smart beta），如成長力、低波動、高股息等，ETF 指數選股邏輯的主動性愈來愈強。從中不難看出，比起過往，多數傳統、較有歷史的 ETF，通常是以獲取市場裡的「合理報酬」為投資目的，當今投資人更為偏愛那些能夠打敗大盤、獲取「超額報酬」的 ETF 商品，在這樣的訴求下，也造就了一檔檔涵蓋的選股因子愈來愈多、指數邏輯愈來愈複雜的 ETF 不斷問世。現在就來看看，ETF 和個股在長期存股的本質上，有哪些關鍵性的重要差異：

差異1》風險與選股難易度

如 1-1 所説，單一存股最大的風險就是未來的不確定性，就像是近年來台灣半導體產業在數十年的發展下，已成為全球重要供應鏈的一環，當中最具代表性的，無非就是有護國神山美名的台積電（2330），不過在數十年前、1994 年剛掛牌時的股價不到百元，可能鮮少人留意到這檔股票。即便當時有買，至今又有多少人

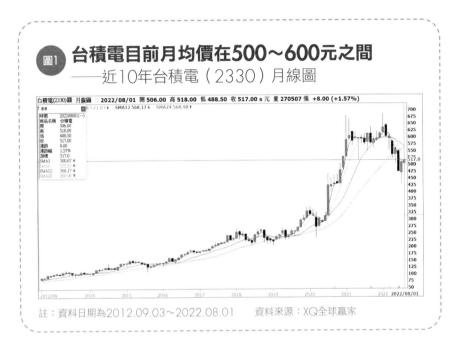

圖1 **台積電目前月均價在500～600元之間**
——近10年台積電（2330）月線圖

註：資料日期為2012.09.03～2022.08.01　　資料來源：XQ全球贏家

能抱到現在（詳見圖1）？台灣半導體未來還會持續暢旺嗎？又或是，過去在全球智慧手機市場中，曾因擁有全球高市占率的宏達電（2498）更因此被稱作「台灣之光」，當時誰又能料想到現在（詳見圖2）？

在2021年時的超級大多頭，鋼鐵、航運股也出現狂飆猛漲，甚至堪稱股價牛皮、為數不少的金融股竟也漲翻天；重點是，沒人能保證未來單一產業或個股會如何，會飆漲還是崩跌、榮景能持續多

久⋯⋯，種種的不確定性，正是「單一存股」面臨的最大風險。

　　而在風險程度上 ETF 就不同了。一般來說，除單一產業主題型的 ETF 外，ETF 的投資配置於數種產業、成分持股數量也較多，即便是遇到系統性風險如單一產業崩跌，或是單一個股表現衰退時，ETF 會啟動汰弱留強的機制，逐步進行再平衡，倘若當中的某檔個股長期表現持續低迷，就很有可能被 ETF 指數的再平衡機制而給予剔除；反之，當市場中若有個股表現符合 ETF 指數選股邏輯，甚至在標準之上，亦會在成分調整時被納為新的持股。

　　換句話說，除了單一產業型 ETF 之外，相較於單一存股，「存 ETF」較不用擔心因單一產業或成分股出現嚴重衰退而受衝擊，即便有出現這樣的情況，影響程度也有限，且也較不用花大把時間、精力去研究個股財報，或是煩惱該如何挑股的問題。

　　以國內最具代表性、和台股連動性極高的股票市值型 ETF——元大台灣 50（0050）來看，產業的主要分布分別於資訊技術、金融類股以及原材料業，當中又以資訊技術逾 6 成比重最高（詳見表 1）。個股的部分，比重前 3 名亦是電子類股，當中以神山台積電占比逾 4 成（45.49%）來到最高，其次則為聯發科（4.32%）和鴻海（4.28%），剩下的前 10 大成分股中多為金融、傳產等類股。

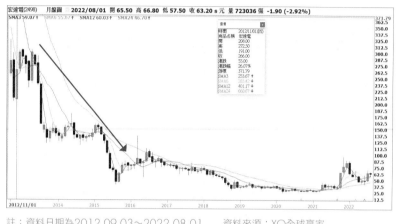

圖2 **自2012年，宏達電股價直線下墜**
── 近10年宏達電（2498）月線圖

註：資料日期為2012.09.03～2022.08.01　　資料來源：XQ全球贏家

不過實際上，究竟 ETF 會如何進行配置來降低或分散風險（詳見圖3）？下面就讓我們一起來看看。特別要注意的是，由於每檔 ETF 的指數設計、選股邏輯和規則不同，最終出爐的成分產業及持股名單也會有所差異。

1. 產業、持股分散

布局不同產業或標的，藉以降低未來可能面臨的投資風險，這是 ETF 在風險管控最直接的方式之一，至於要配置多少比重在哪些核

0050成分股的產業類別以資訊技術為主
——元大台灣50（0050）產業與持股情況

名稱（代號）	追蹤指數	指數選股邏輯	前 5 大持股產業（占比，%）	前 10 大成分股（占比，%）
元大台灣 50（0050）	台灣 50 指數	上市股票市值前 50 大	資訊技術（66.61）金融類股（16.36）原材料（6.93）	台積電（45.49）聯發科（4.32）鴻　海（4.28）聯　電（1.96）台達電（1.90）中信金（1.87）富邦金（1.84）國泰金（1.82）台　塑（1.81）中華電（1.75）

註：資料日期至 2022.05　　資料來源：ETF 基金月報

心產業，或是哪些個股才能成為權值股，這都必須視 ETF 的指數設計及選股邏輯而定。像是上述提及的 0050，其所追蹤的台灣 50 指數，指數選股邏輯很簡單易懂，就是從國內掛牌上市的企業中挑選市值前 50 名為其成分股，並依照個別的流通市值情況加權計算，最終得出每檔持股的比重。

不過，近年來有不少新科 ETF，雖然持股有分散，但卻是集中在單一產業上，這類型的 ETF 就屬「單一產業主題型」，如電動車、

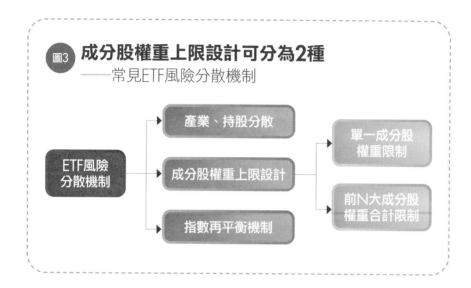

圖3 成分股權重上限設計可分為2種
──常見ETF風險分散機制

ETF風險
分散機制

產業、持股分散

成分股權重上限設計

指數再平衡機制

單一成分股
權重限制

前N大成分股
權重合計限制

半導體、疫苗生技等,都高度集中在特定產業領域上,因此這類型
的 ETF 持股較集中、所面臨的風險相對較高。當該產業整體趨勢向
上時,這些 ETF 通常也具有較強的成長動能;反之,當該產業大幅
衰退時,單一產業 ETF 也會面臨大幅度的修正。

2. 成分股權重上限設計

觀察 2020 年至 2021 年年底,台股權值王台積電期間的股價表
現。約莫自 2020 年下半開始,台積電股價就以驚人態勢狂飆猛漲,
市值也因此大增,當時有不少人更以「大盤長成了台積電的形狀」
這句話來形容這種特殊現象。而和大盤連動性高的市值型 ETF,台

積電比重也出現顯著增加。以 0050 來說，台積電的權重占比往往
來到 40% ～ 50%，甚至更高。

　　因此，為了避免單一持股比重過高的情況，近年來新發行的 ETF，
在成分股的權重分配上多配有「權重天花板」的設定，也就是「單
一成分權重上限」，或是前 N 大成分股權重合計上限不得高於多少
比率等，目的是要防止 ETF 出現像 0050 中台積電比重過高的情況。
這種規定即是投資人常聽見的「台積電條款」。這樣的設計能強化
ETF 分散風險的效果，減少單一權值股對整體 ETF 的影響。

3. 指數再平衡機制

　　ETF 另一個分散風險的機制是「再平衡」，若用白話一點來理解，
就是指數會以自身的選股邏輯，針對成分股做檢視以及權重的再配
置，並以定期和不定期兩種方式來審核成分股資格並調整個股權重，
而達到汰弱留強的效果。當成分股表現不再符合指數要求及標準時，
就會逐步調降該檔個股的權重，或是直接予以剔除。由於每檔 ETF
的指數不同，在審核調整的條件也不同，這邊以高息型 ETF 老大
哥──元大高股息（0056）的換股情況做範例說明。

　　2021 年上半年，受新冠疫情、塞港缺櫃等因素影響，台灣航運
類股出現狂飆猛漲之勢（詳見圖 4），如貨櫃 3 雄的長榮（2603）、

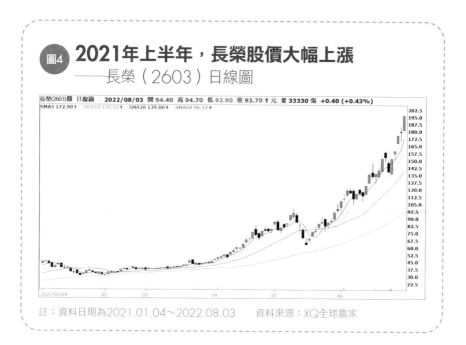

圖4　**2021年上半年，長榮股價大幅上漲**
── 長榮（2603）日線圖

長榮(2603)　日線圖　**2022/08/03 開 94.40 高 94.70 低 92.90 收 93.70 ↑ 元 量 33330 張 +0.40 (+0.43%)**
SMA5 172.90↑　SMA10 158.50↑　SMA20 139.00↑　SMA60 96.52↑

註：資料日期為2021.01.04～2022.08.03　　資料來源：XQ全球贏家

陽明（2609）、萬海（2615）等，因此在基於對來年能夠擁有高
殖利率、配發高股息的預期下，0056 在同年下半年調整持股時，
納入了長榮、友達（2409）等個股。

　　不過，該次換股也引起當時不少爭議，主因是新加入的這幾檔成
分股，在過去配息表現情況並不甚理想，再加上當中的航運類股是
屬於過去配息非常不穩定的「景氣循環股」，每年不是不配息，就
是配息額差異非常大，也因此引起很多人的投資疑慮，元大投信當

時更因此特地做說明。不過若從 0056 的主要選股邏輯來看，似乎就不難理解。

0056 是從證交所上市、市值排行前 150 大的股票中，挑選出推測未來 1 年現金殖利率最高的 30 檔為其成分股，每半年（6 月、12 月）會進行成分股的審核。

在這樣的指數邏輯下，航運股爆發式的行情與亮眼的獲利表現，在未來就非常有機會擁有高殖利率的表現。若以現在（2022 年）做觀察，長榮配發 18 元現金股利，相較之前確實顯著增加不少，在殖利率表現上也非常出色（詳見表 2），以 2022 年 6 月 17 日收盤價 119.5 元計，現金殖利率高達 15.06％！

而在 2022 年 6 月 0056 成分股的調整上，新成分股中同樣也納入了同屬航運股的陽明，主因和先前納入長榮的邏輯一樣──配息額大幅成長、預期未來將有高殖利率表現！

陽明打破多年無配息的紀錄，最近 1 次配息為 2011 年（股利發放年度），當年配發 1.25 元現金股利以及 1 元的股票股利，直到 2022 年時才又進行配息，而所配發的現金股利 20 元、無配發股票股利（詳見表 3），若以同年 6 月 17 日收盤價 119.5 元計，現

表2	**2022年長榮現金殖利率高達15.06%**		
	——長榮（2603）近10年股利政策		
年度	現金股利（元）	股票股利（元）	年均殖利率（％）
2013	0	0	0
2014	0	0	0
2015	0.1	0.1	1.14
2016	0	0	0
2017	0	0	0
2018	0.2	0.5	5.01
2019	0	0	0
2020	0	0	0
2021	2.5	0	2.44
2022	18.0	0	15.06*

註：1. 股利資訊為股利發放年度；2.* 由於 2022 年尚未結束，故殖利率數值以 2022.06.17 收盤價計算
資料來源：Goodinfo! 台灣股市資訊網

金殖利率高達 16.74％！

　　上面 2 個是 0056 先前新增持股的案例，不過也有持股被剔除的情況，像是同樣是在 2022 年 6 月調整名單中出現的兆豐金（2886）。這檔官股金控過去多年一直是 0056 的成分股，長期

表3 **陽明打破多年紀錄，2022年配現金股利20元**
——陽明（2609）近10年股利政策

年度	現金股利（元）	股票股利（元）	年均殖利率（％）
2013	0	0	0
2014	0	0	0
2015	0	0	0
2016	0	0	0
2017	0	0	0
2018	0	0	0
2019	0	0	0
2020	0	0	0
2021	0	0	0
2022	20	0	16.74*

註：1. 股利資訊為股利發放年度；2. * 由於2022年尚未結束，故殖利率數值以2022.06.17收盤價計算
資料來源：Goodinfo! 台灣股市資訊網

以來也被不少存股族視為精神指標，不過0056卻在此次剔除僅有的一檔金融股，原因就是不符合指數成分標準。

金融股先前因升息預期而股價創高、本益比升高而殖利率持續下降，再加上多數金融股獲利表現和前年同期相比更是大縮水，在諸

表4 **兆豐金2022年現金殖利率低於4%**
——兆豐金（2886）近10年股利政策

年度	現金股利（元）	股票股利（元）	年均殖利率（%）
2013	1.10	0	4.57
2014	1.11	0	4.51
2015	1.40	0	5.64
2016	1.50	0	6.57
2017	1.42	0	5.87
2018	1.50	0	5.76
2019	1.70	0	5.81
2020	1.70	0	5.65
2021	1.58	0	4.89
2022	1.40	0.25	3.97*

註：1. 股利資訊為股利發放年度；2.* 由於 2022 年尚未結束，故殖利率數值以 2022.06.17 收盤價計算
資料來源：Goodinfo! 台灣股市資訊網

多不符合指數要求的情況下，面臨被剔除的命運。兆豐金 2022 年配發 1.4 元現金股利，以及罕見地配發 0.25 元股票股利（詳見表 4），若以同年 6 月 17 日收盤價 35.3 元計，現金殖利率僅剩下 3.97%，連 4% 都不到！相較於過去金融股多有 5% 的高現金殖利率表現來說，確實已不如過往來得高了！

差異2》交易成本

另一個較大的不同之處，就在於「交易成本」上（詳見表5）。
詳細各項目比較如下：

1.交易方式

股票與ETF相同，只要在合法券商（或其他合法通路）開戶後即
可下單交易，但若是想要投資國外投信業者所成立的海外ETF（如
美股ETF中的VOO、QQQ、SPY、IVV等），就得透過複委託或
透過網路至海外券商開戶，方可進行交易。

2.交易時間／交易單位

兩者交易時間和單位皆相同，可以整股（張）交易或零股買賣，
ETF同樣也可以進行盤中零股交易。不過要注意的是，「熱門標的」
（個股和ETF皆是）採盤中零股交易時，雖然會比盤後零股交易更
容易成交，但通常買進價格會有微幅溢價，也就是會出現比盤中「整
股交易」價格略高的情況。

3.手續費率

股票或ETF在下單買進時，券商會收取一筆「交易手續費」，手
續費為成交金額的千分之1.425（0.001425%），不過這筆手續

表5 ## ETF交易稅率僅為股票的1/3
——股票與ETF的主要差異

項目	股票	ETF
交易方式	透過合法券商交易買賣	
交易時間	盤中：09:00 ～ 13:30 盤後：14:00 ～ 14:30（14:30 撮合）	
交易單位	整股、零股（盤中、盤後）	
手續費率	千分之 1.425（0.001425%）	
內扣費用率	無	有
交易稅率	千分之 3（0.003%）	千分之 1（0.001%）
收益分配	依企業股利政策決定是否配股、配息	ETF 僅會配發現金股利

費會依券商優惠不同而有所差異。

4. 內扣費用率

在長期持有的情況下，相較於單一股票，ETF 有個「內扣費用」。由於 ETF 是種廣義的「基金」，會有經理費、銀行保管費等費用，這兩項也是最常被拿來檢視和比較的；但除此之外，ETF 內扣費用其實還包括了其他林林總總的項目，像是 ETF 換股的周轉成本、人事、雜支等都算在內，但因為這些費用都已計算在 ETF 的淨值內，

投資人較難以察覺，故也因此被稱為「內扣」費用。

內扣費用愈高，長期存股下來對投資人的報酬影響也會愈大、侵蝕愈多實質獲利，因此若要觀察 ETF 的總成本，得看「總費用率」較妥當。不過要如何查詢一檔 ETF 的總費用率呢？查詢方式之一，可至投信投顧公會官網做查詢，這部分可詳見後續的圖解教學❶。

5. 交易稅率

當想賣出手中持有的股票或 ETF 時，依現行政府規定，賣出時政府會收取一筆「交易稅」，股票交易稅稅率為千分之 3（0.003%），ETF 交易稅率則僅為股票的 1/3，為千分之 1（0.001%）。

6. 收益分配

在配股（股票股利）、配息（現金股利）政策上，個股會有兩者配發、只配發其中一項，或是兩者都不配發的情況，得依該企業當時的股利政策而定。而相較之下，ETF 則相對簡單，ETF 在發行時就會規定是否會進行收益分配；白話來說，也就是這檔 ETF 有沒有配息設計，像是近年來不少新興的 ETF，在配息頻率上都有愈來愈頻繁的趨勢，如季配息、雙月配等。

此外，ETF 是僅會配息並不會配股，也就是僅會配發現金股利。

不過要注意，即便是有配息規定的 ETF 也不見得每期都會配息；一般來說，ETF 經理人會依據基金在過去特定一段時間中的淨值、資產收益等情況，來評估是否進行收益分配，若配息的話每單位要分配多少錢。

　　配息或配股沒有絕對的好壞，但要留意的是，當有配股時，股票股利並非愈多愈好，要視個股的獲利情況而定。倘若一家公司配股很大方，但公司的獲利情況卻不進反退時，企業股本會因此快速膨脹，而導致股東的報酬權益縮水。關於如何查詢 1 檔 ETF 的配息額，詳見圖解教學❷。

圖解教學❶ 查詢ETF總費用率

進入投信投顧公會官網（www.sitca.org.tw），點選❶「統計資料」，展開下拉式選單，接著點選❷「境內基金各項資料」、❸「明細資料」。

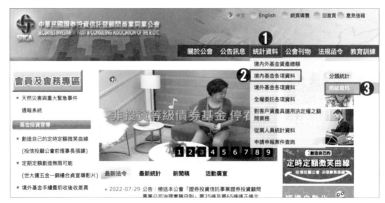

進入下個頁面，頁面下移，點選❶「基金資料彙總」項下的❷「各項費用比率（月、季、年）」。

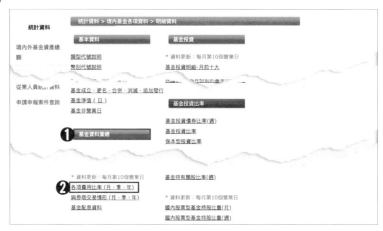

接著，選擇想查詢的期間，此處以❶2021年全年為例；並選擇想查詢的❷「公司」、❸「基金」，此處以富邦台50（006208，ETF全名為富邦台灣采吉50基金）為例。最後，按下❹「查詢」鍵。

從結果便可得知，2021年富邦台50全年的總費用率為❺0.35%。

資料來源：投信投顧公會官網

圖解教學❷ 查詢ETF配息額

查詢1檔ETF的配息額有很多管道，如發行ETF的投信官網。當中最簡單的方式之一，就是至Goodinfo!台灣股市資訊網（https://goodinfo.tw/tw）查詢，不只可以看到歷年的配息資訊，也能在同樣網站查詢其他投信發行的ETF配息情況，詳細查詢步驟如下：

到Goodinfo!台灣股市資訊網，於❶「股票代號／名稱」欄位輸入欲查詢的標的（中文名稱或代號皆可），此處以元大台灣50（0050）為例。輸入完成後，按下❷「股票查詢」鍵。

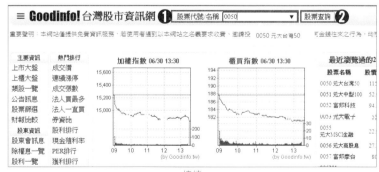

接續
下頁

接著，點選左欄中❶「股東權益」下方的❷「股利政策」。

基本概況	籌碼分析
個股市況	法人買賣
經營績效	融資融券
資產狀況	現股當沖
現金流量	股東結構
每月營收	持股分級
產品營收	董監持股
基本資料	申報轉讓
新聞及公告	技術分析
❶ 股東權益	個股K線圖
股東會日程	K線比較圖
❷ 股利政策	本益比河流圖
除權息日程	本淨比河流圖
停資停券日	乖離率河流圖

0050 元大台灣50 期貨標的 選擇權標的 權證標的　資料日期: 08/02

成交價	昨收	漲跌價	漲跌幅	振幅	開盤	最高	最低
115.55	117.65	-2.1	-1.78%	1.23%	116.55	116.55	115.1

成交張數	成交金額	成交筆數	成交均張	成交均價	PBR	PER	PEG
18,600	21.49 億	22,146	0.8 張/筆	115.5 元	N/A	N/A	N/A

昨日張數	昨日金額	昨日筆數	昨日均張	昨日均價	昨漲跌價 (幅)
9,841	11.58 億	8,720	1.1 張/筆	117.6 元	-0.35 (-0.3%)

連漲連跌: 連2跌 (-2.45元 / -2.08%)
上市指數: 14747.23 (-234.46 / -1.56%)

個 股 最 新 訊 息

最後，將網頁下拉即可看到ETF歷年的配息情況。可依照自身需求或習慣、調整❶「顯示依據」為「股利發放年度」或「股利所屬年度」。除了除權息資訊外，亦有填息花費日數、殖利率、盈餘分配率等統計數值可參考。

＊連續18年配發股利, 合計41.6元　　　　　　　　　　❶ 顯示依據: 股利發放年度 ∨ ｜ 匯出

股利發放年度	股東股利 (元/股) 現金股利 盈餘	現金股利 公積	現金股利 合計	股票股利 盈餘	股票股利 公積	股票股利 合計	股利總計 合計	股利總計 現金(億)	股利總計 股票(千張)	填息花費日數	填權花費日數	股價年度	股價統計(元) 最高	股價統計(元) 最低	股價統計(元) 年均	年均殖利率(%) 現金	年均殖利率(%) 股票	年均殖利率(%) 合計	股利所屬期間
2022	3.2	0	3.2	0	0	0	3.2	0	0	-	-	2022	152.4	120.4	135	2.37	0	2.37	22H1
2021	3.4	0	3.4	0	0	0	3.4	0	0	-	-	2021	146.15	121.2	137	2.48	0	2.48	2021
└	0.35	0	0.35	0	0	0	0.35	0	0	1	-	└				0.26	0	0.26	21H2
└	3.05	0	3.05	0	0	0	3.05	0	0	150	-	└				2.23	0	2.23	21H1
2020	3.6	0	3.6	0	0	0	3.6	0	0	-	-	2020	122.4	67.25	96.9	3.71	0	3.71	2020
└	0.7	0	0.7	0	0	0	0.7	0	0	1	-	└				0.72	0	0.72	20H2
└	2.9	0	2.9	0	0	0	2.9	0	0	5	-	└				2.99	0	2.99	20H1
2019	3	0	3	0	0	0	3	0	0	-	-	2019	98.3	72	83	3.61	0	3.61	2019
└	0.7	0	0.7	0	0	0	0.7	0	0	1	-	└				0.84	0	0.84	19H2
└	2.3	0	2.3	0	0	0	2.3	0	0	15	-	└				2.77	0	2.77	19H1
2018	2.9	0	2.9	0	0	0	2.9	0	0	-	-	2018	88.4	73.3	81.8	3.55	0	3.55	2018

資料來源：Goodinfo! 台灣股市資訊網

1-3 實際回測歷史數據 檢視存個股與ETF報酬

在先前的篇幅當中，曾介紹了存股演變的趨勢，以及存單一個股與存 ETF 在本質上的差異。而在本次的章節裡，將延續「單一存股」與「存 ETF」的比較脈絡，進行熱門存股標的之報酬回測。

標的》15檔上市金融股vs.金融股ETF

這次將以 15 檔上市金融（控）股（以下統一為金融股，詳見表 1），以及國內目前唯一一檔專以台灣金融股族群為投資對象的 ETF——元大台灣金融（0055，詳見表 2），做長期存股回測及報酬比較。之所以會選擇 15 家金控與 0055 做長期存股比較，主因是它們的產業性質相近、都同樣屬金融產業，且成立至今多有 10 年以上的歷史，有較長的時間可觀察。

台灣金融股為政府特許、高度管制的產業，再加上營運穩健，股

表1 目前上市金融股共有4檔官股、11家民營
——國內上市的15家金融股

名稱（代號）	上市日期	官股／民營
華南金（2880）	2001.12.19	官股
富邦金（2881）	2001.12.19	民營
國泰金（2882）	2001.12.31	民營
開發金（2883）	2001.12.28	民營
玉山金（2884）	2002.01.28	民營
元大金（2885）	2002.02.04	民營
兆豐金（2886）	2002.02.04	官股
台新金（2887）	2002.02.18	民營
新光金（2888）	2002.02.19	民營
國票金（2889）	2002.03.26	民營
永豐金（2890）	2002.05.09	民營
中信金（2891）	2002.05.17	民營
第一金（2892）	2003.01.02	官股
日盛金（5820）	2002.02.05	民營
合庫金（5880）	2011.12.01	官股

註：資料日期至 2022.06　　資料來源：XQ 全球贏家

價相對電子類股牛皮，而且多數金融股的價格多在 50 元以下、親民好入手，過去的配息也非常穩定，現金殖利率往往有 5% 以上的高水準。觀察 15 家金控公司的上市時間，往往擁有 10 年、甚至

0055前3大成分股為富邦金、中信金、國泰金
——元大MSCI金融（0055）基本資料

項目	說明
追蹤指數	MSCI 臺灣金融指數
成分股數	非固定
經理費率（％）	依基金規模而定（目前為 0.40）： 100 億元以下（含）：0.40 100 億元以上～ 300 億元（含）：0.34 300 億元以上：0.30
保管類率（％）	0.035
收益分配（除息月份）	年配（11月）
前 10 大持股 （占比，％）	富邦金（11.58）、中信金（11.14）、 國泰金（10.16）、兆豐金（9.31）、 玉山金（8.37）、中租 -KY（6.35）、 第一金（5.93）、開發金（5.68）、 合庫金（5.58）、元大金（5.22）

註：資料日期至 2022.05　　資料來源：基金月報

20 年以上的歷史，時間愈長、走過的多空循環次數愈多，就愈能夠看出一檔金融股的基本體質，也愈有參考價值。因此，綜合上面種種因素，金融股族群經常是不少存股族們長期的投資首選、存股起手式。

上述提及 0055 這檔 ETF，是專以金融類股為投資持股標的，簡

單來說，它其實就是一檔買進「一籃子金融股」的指數股票型基金，也是目前國內唯一一檔和金融股性質極度相似的 ETF，自 2007 年 7 月成立以來也已超過 10 個年頭，中間經歷過令人聞之色變的股災──金融海嘯，因此是一檔歷史悠久、經得起空頭考驗的一檔老牌 ETF。

方式》以1年1買，試算近10年含息報酬率

存單一個股與存 ETF，長期報酬究竟會有什麼差異？為了找出這個問題的答案，下面我們將進行 15 檔金控及 1 檔 ETF（0055）近 10 年的回測，計算方式如下：

①計算時間：以近 10 個完整年度為回測區間，2012 年第 1 個交易日（2011 年 1 月 2 日）～ 2021 年最後 1 個交易日（2020 年 12 月 30 日）。

②定期定額：1 年 1 買，於每年第 1 個交易日買進（定期定額），並在最後 1 年的最後 1 個交易日（2021 年 12 月 30 日）將持股全數賣出，價格皆以當時的「收盤價」計算。

③股利再投入：每年所領的「現金股利」及「股票股利」皆再投

入（現金股利投入買股，股票股利參與除權息）。

④2階段計算：第1階段先計算單一個股，在每年定期定額買進、配股配息下，算出最後1年的總持股數；第2階段再以總持股數去計算年化含息報酬。

範例》玉山金vs. 元大台灣金融ETF

由於考量到有些金融股不只配發現金股利，也有配股票股利的情況，此次在計算上會將兩者一起計入報酬當中，因此可能會出現計算表格篇幅過多的情況（計算1檔就需要1張表格），故在報酬回測得計算上，我們先以配股配息都很豐厚的民營金控代表──玉山金（2884）作為計算說明：

1. 玉山金

在投資第1年的首個交易日（2012年1月2日）時投入6萬元，買進價以當日收盤價12.85元計，6萬元能買進4,669股（＝6萬元/12.85元），因為是投資第1年，尚無累積配股數，所以當年度參與除權息的股數也是4,669股。但由於玉山金當期的股利政策上有配息也有配股，每單位配發0.2元的現金股利及0.5元的股票股利，所以當年度能領到的現金股利為933元（＝0.2

表3 **定期定額買玉山金，10年持股總數為5萬7010股**

買進日期	買進價（元）	現金股利（元）	股票股利（元）	當年投入總額（元）	
2012.01.02	12.85	0.20	0.50	60,000	
2013. 01.02	16.30	0.30	1.00	60,933	
2014. 01.02	19.90	0.28	0.89	62,592	
2015.01.05	19.35	0.43	0.87	63,541	
2016.01.04	18.75	0.43	1.00	67,334	
2017.01.03	18.40	0.49	0.74	69,516	
2018.01.02	18.90	0.61	0.61	73,779	
2019. 01.02	20.10	0.71	0.71	80,804	
2020. 01.02	27.95	0.79	0.80	88,546	
2021.01.04	25.35	0.61	0.61	96,520	

註：
1. 計算方式：於首年的第 1 個交易日買進，當年領到的現金股利，則在下一年度的第 1 個交易日，以當日之收盤價再投入買股；當年度領取的股票股利，則於下一年除權息時計算，以此類推；並在最後 1 年的最後 1 個交易日，以當日收盤價賣出；
2. 股利為股利發放年度；

元 ×4,669 股），配股數為 233 股（＝0.5 元／每股面額 10 元×4,669 股），數值計算皆以無條件捨去取至整數（詳見表 3）。

第 2 年時，同樣在年度的首個交易日（2013 年 1 月 2 日）以16.30 元買進，每年固定投入的 6 萬元金額不變。不過因為股利再

──玉山金（2884）近10年定期定額存股試算

	買進總股數 （股）	參與除權息股數 （股）	當年配息額 （元）	當年配股數 （股）	持有總股數 （股）
	4,669	4,669	933	233	4,902
	3,738	8,640	2,592	864	9,504
	3,145	12,649	3,541	1,125	13,774
	3,283	17,057	7,334	1,483	18,540
	3,591	22,131	9,516	2,213	24,344
	3,778	28,122	13,779	2,081	30,203
	3,903	34,106	20,804	2,080	36,186
	4,020	40,206	28,546	2,854	43,060
	3,168	46,228	36,520	3,698	49,926
	3,807	53,733	32,777	3,277	57,010

3.「當年投入總額」＝每年投入額＋前一年現金股利額（股利再投入）；
4.「股數」皆以無條件捨去方式計算取至整數；
5.「買進總股數」＝當年投入總額之可買股數；
6.「參與除權息前股數」＝前一年度持股數＋當年買進股數；
資料來源：XQ全球贏家、Goodinfo! 台灣股市資訊網

投入的關係，也就是前一年收到的現金股利得加到下一年的本金裡
去買股，所以第 2 年的投入總金額為 6 萬 933 元，買進的股數約
為 3,738 股（＝ 6 萬 933 元 /16.3 元），而當年能夠參與除權
息的股數，除了新買進的 3,738 股外，還得加入前一年買的股數以
及當年配股數 4,902 股，所以合計為 8,640 股（＝ 3,738 股＋

定期定額買玉山金，10年含息年化報酬率逾10%

賣出日期	收盤價賣出 （元）	持有總股數 （股）	本金總額 （元）	
2021.12.30	28.05	57,010	600,000	

註：
1.1 年 1 買、本金每次 6 萬元，為期 10 年，本金共計 60 萬元
2. 累計報酬率（％）＝（（最終持有總股數 × 2021 年 12 月 30 日收盤價＋當年度領取之現金股利）－持有總成本）／持有總成本 ×100%

4,902 股）。

得出當年參與的除權息總股數 8,640 股後，再來計算現金股利與股票股利額。當年度現金股利為 0.3 元、股票股利為 1 元，故當年度能拿到的現金股利總額約為 2,592 元（＝0.3 元 ×8,640 股），收到的配股數則為 864 股（＝1 元 /10 元 ×8,640 股），當年年末時的持股數則是當年參與除權息的股數 8,640 股，加上當年配股數 864 股得出為 9,504 股。

以此類推，我們可以知道，透過將每年所發放的現金股利與股票股利再投入，到 2021 年年末時，玉山金最終的總股數為 5 萬 7,010 股，並再透過表 4 的計算方式，算出最後的含息年化報酬率。

──玉山金（2884）近10年績效表現

最後 1 年現金股利 （元）	最終獲利金額 （元）	累積報酬率 （%）	含息年化報酬率 （%）
32,777	1,631,907	171.98	10.52

3. 含息年化報酬率（%）＝（總報酬率＋1）^（1／年數）－1
資料來源：XQ 全球贏家、Goodinfo! 台灣股市資訊網

經過 10 年後，現在就來計算玉山金這 10 年間的含息年化報酬表現。本金的部分，每年投入 6 萬元，10 年的總本金為 60 萬元，期間所持有的總股數為 5 萬 7,010 股，並以當年度最後 1 個交易日的收盤價 28.05 元全數賣出，所得出金額為 159 萬 9,130 元，再加上最後 1 年的現金股利額 3 萬 2,777 元，最終資產總額為 163 萬 1,907 元，最終含息累積報酬率為 171.98%（＝（163 萬 1,908 元－60 萬元）／60 萬元）×100%），換算 10 年的含息年化報酬率約為 10.52%。

2. 元大台灣金融 ETF

以同樣的條件及方式，針對 0055 這檔 ETF 做定期定額的長期報酬回測，最終表現會如何呢？

定期定額投資0055，10年持股總數為4萬9781股

買進日期	買進價（元）	現金股利（元）	股票股利（元）	當年投入總額（元）	
2012.01.02	10.34	0.25	0	60,000	
2013.01.02	11.47	0.35	0	61,450	
2014.01.02	14.27	0.40	0	63,905	
2015.01.05	14.50	0.45	0	66,254	
2016.01.04	12.80	0.45	0	69,092	
2017.01.03	14.46	0.50	0	71,521	
2018.01.02	16.35	0.65	0	75,274	
2019.01.02	16.35	0.70	0	82,848	
2020.01.02	19.02	0.65	0	88,153	
2021.01.04	18.09	0.75	0	89,154	

註：
1. 計算方式：於首年的第 1 個交易日買進，當年領到的現金股利，則在下一年度的第 1 個交易日，以當日之收盤價再投入買股；並在最後 1 年的最後 1 個交易日，以當日收盤價賣出。
2. 股利為股利發放年度；
3. 「當年投入總額」＝每年投入額＋前一年現金股利額（股利再投入）；

　　在投資第 1 年的首個交易日（2012 年 1 月 2 日）時一樣投入 6 萬元，買進價以當日收盤價 10.34 元計，6 萬元能買進 5,802 股（＝ 6 萬元 /10.34 元），當年參與除權息的股數為 5,802 股。

　　由於 ETF 僅會配發現金股利，故在整體股利計算上相對配息又配

——元大台灣金融（0055）近10年定期定額存股試算

買進總股數 （股）	參與除權息股數 （股）	當年配息額 （元）	當年配股數 （股）	持有總股數 （股）
5,802	5,802	1,450	0	5,802
5,357	11,159	3,905	0	11,159
4,478	15,637	6,254	0	15,637
4,569	20,206	9,092	0	20,206
5,397	25,603	11,521	0	25,603
4,946	30,549	15,274	0	30,549
4,603	35,152	22,848	0	35,152
5,067	40,219	28,153	0	40,219
4,634	44,853	29,154	0	44,853
4,928	49,781	37,335	0	49,781

4.「股數」皆以無條件捨去方式計算取至整數；
5.「買進總股數」＝當年投入總額之買股數；
6.「參與除權息前股數」＝前一年度持股數＋當年買進股數；
資料來源：XQ全球贏家、Goodinfo!台灣股市資訊網

股的個股來得單純，0055在2012年時配發0.25元現金股利，故當年現金配息額約為1,450元（＝0.25元×5,802股，詳見表5）。

第2年時，投入金額除了每年固定的6萬元外，還得加上前一年

表6 定期定額買0055，10年含息年化報酬率逾7%

賣出日期	收盤價賣出（元）	持有總股數（股）	本金總額（元）	
2021.12.30	24.74	49,781	600,000	

註：
1.1 年 1 買、本金每次 6 萬元，為期 10 年，本金共計 60 萬元
2. 累計報酬率（％）＝（（最終持有總股數 × 2021 年 12 月 30 日收盤價＋當年度領取之現金股利）－持有總成本）／持有總成本 ×100%

所領到的現金股利 1,450 元，故當年的投入金額為 6 萬 1,450 元，並於年初的首個交易日買股、股價以 11.47 元計，可買到的股數為 5,357 股（＝ 6 萬 1,450 元 /11.47 元），加計前一年的持有股數 5,802 股，當年參與除權息的股數共計為 1 萬 1,159 股（＝ 5,802 股＋ 5,357 股），配息 0.35 元，可領到的現金股利則為 3,905 元（＝ 0.35 元 ×1 萬 1,159 股）。

以同樣方法計算，0055 最終持有股數為 4 萬 9,781 股，並於第 10 年的最後 1 個交易日賣出（以 2021 年 12 月 30 日收盤價 24.74 元計），加計當年現金股利 3 萬 7,335 元，最終資產金額為 126 萬 8,916 元，累積報酬率為 111.49%（＝（126 萬 8,916 元－ 60 萬元）／ 60 萬元）× 100%），年化報酬率則為 7.78%。

——元大MSCI金融（0055）近10年績效表現

最後1年現金股利 （元）	最終獲利金額 （元）	累積報酬率 （%）	含息年化報酬率 （%）
37,335	1,268,916	111.49	7.78

3. 含息年化報酬率（%）＝（總報酬率＋1）^（1／年數）－1
資料來源：XQ全球贏家、Goodinfo! 台灣股市資訊網

結果》ETF績效中庸，但可降低單一事件衝擊

以同樣的方式，分別針對國內上市的15檔金融股以及0055，共計16檔標的做報酬彙整，結果如下：

從表7中可發現，多數金融股的含息年化報酬率幾乎都有5%以上，大多有7%～9%的水準，部分報酬率甚至更高、來到9%以上的高水準，如玉山金、開發金（2883）、富邦金（2881）和國票金（2889）這幾檔。

排行前半段清一色為民營金控，又以玉山金表現最為亮眼，以10.52%的數字居冠；官股金控中則以合庫金（5880）8.76%

的年化報酬表現居 4 檔之首。唯一一檔的金融股 ETF 0055 則以 7.78% 的年化報酬率表現排在中段班、位居第 9 名。

金融股在過去 10 年（2012 年～ 2021 年）期間之所以能有這麼亮眼的報酬表現，原因不外乎是受惠於近年台股走多的牛市，尤其是 2021 年更是個超級大多頭，短短 1 年間大盤強漲 3,000 多點、站上萬八大關，就連股價以牛皮著稱的金融股也開始起漲，報酬表現也因此出現顯著成長。

過去有不少金融股在股利政策上，大多是以配發現金股利為主，但在 2022 年時不少金融股也開始加入配股的行列，如官股中的兆豐金自 2013 年（股利發放年度）起就僅配現金股利，富邦金過去 10 年裡也有 8 個年度也都只配現金，其他像是國泰金、開發金等金融股也有類似的情況。

不過到 2022 年，除了上述提及的兆豐金、富邦金外，官股中的第一金（2892）、華南金（2880）、合庫金，以及民營的玉山金、元大金（2885）、國票金等，同時有配股的就高達 10 檔之多。

不過要特別注意的是，配發的股數愈多，不見得對資產報酬愈有助益。在長期存股下，企業的股利政策會影響最後整體的報酬表現，

表7

近10年績效排行榜中，民營金控位在前段班
——金融股vs.元大MSCI金融（0055）績效

排名	股名（代號）	近 10 年含息年化報酬率（%）	官股／民營
1	玉山金（2884）	10.52	民營
2	開發金（2883）	9.96	民營
3	富邦金（2881）	9.55	民營
4	國票金（2889）	9.42	民營
5	台新金（2887）	8.95	民營
6	合庫金（5880）	8.76	官股
7	永豐金（2890）	8.29	民營
8	元大金（2885）	8.18	民營
9	元大 MSCI 金融（0055）	7.78	N/A
10	日盛金（5820）	7.43	民營
11	兆豐金（2886）	7.35	官股
12	第一金（2892）	7.27	官股
13	中信金（2891）	7.02	民營
14	國泰金（2882）	7.01	民營
15	華南金（2880）	6.74	官股
16	新光金（2888）	4.30	民營

註：1. 資料日期為 2012.01.02 ～ 2021.12.30；2. 含息年化報酬率計算包括現金股利及股票股利
資料來源：XQ 全球贏家、Goodinfo! 台灣股市資訊網

一家公司配發的股票股利愈多會造成股本膨脹，倘若未來公司獲利成長速度趕不上股本膨脹速度，將會嚴重稀釋每股盈餘（EPS）的表現，所以股票股利並非和現金股利一樣配得愈多愈好。

而在過去 10 年裡，玉山金因為在營運及獲利上有顯著的成長，故對於過往配發豐厚股票股利的玉山金來說，在報酬表現上自然有加分的效果，再加上同時配有現金股利，讓玉山金的整體年化報酬率再往上提升。

最後我們再來看看 0055，也許光是看含息年化報酬（7.78%）表現似乎並沒有特別搶眼、在 16 檔標的表現較為中庸，雖然報酬沒有特別好但也不會到特別差。相較於只存單一金融股，0055 成分股中包含各類金融股，如銀行、保險（產壽）、證券、票券等共計 10 多檔，成分股數不固定，風險較分散下也較不易受單一重大事件所影響（詳見圖 1）。但在報酬表現上，也較難像特定的單一個股那般擁有驚人表現。

先前政府為因應新冠疫情衝擊而有發放紓困金的相關政策，主要負責紓困業務的幾家主要的金控，在獲利上就會遭到壓縮；或是2022 年疫情再度升溫、民眾確診數激增下，導致部分金控下的保險公司得支付龐大防疫理賠金、拖累金控母公司的獲利，又或是突

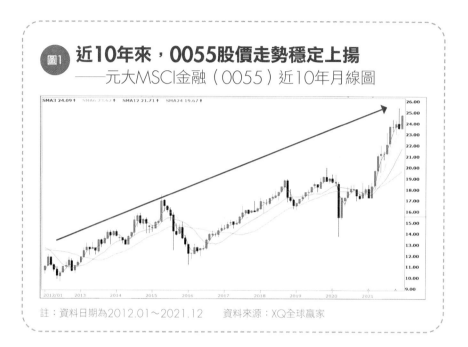

圖1 近10年來，0055股價走勢穩定上揚
——元大MSCI金融（0055）近10年月線圖

SMA3 24.09 ↑   SMA6 21.67 ↑   SMA12 21.71 ↑   SMA24 19.67 ↑

註：資料日期為2012.01～2021.12　　資料來源：XQ全球贏家

然爆出金融弊案等，種種事件所帶來的衝擊，對擁有一籃子金融股的 0055 來說，影響相對有限。

　　相較於電子股動輒上百元起跳的股價來說，金融股擁有相對親民的股價，15 家金控中大多數股價皆不超過 50 元，也是不少人擁護金融股的原因。在營運及配息上 0055 也是相當穩定，從掛牌至今（2007 年 7 月掛牌上市）也走了超過 10 個年頭，且每年都發得出現金股利，也都能順利完成填息。不過，0055 同時也有個顯著

的缺點，就是「流動性低」，也因此較適合長期存股，較不適合頻繁進出做價差。

最後，若是想做定期定額報酬試算的朋友，也不用像前文那樣自己辛苦地寫 Excel 公式、做試算表，網路上就有很多現成的報酬試算工具，如財經平台 MoneyDJ、鉅亨網，或是不少基金投信業者網站上也都有提供，不妨可拿來多加利用。

了解指數類型
選對合適標的

2-1 長期持有股票市值型ETF 穩健累積資產

　　想要用 ETF 穩健地累積資產，並不是隨便買、隨便存就可以，在這麼多 ETF 當中，原型的股票市值型 ETF 較適合一般的投資人。

　　首先，ETF 可以投資的商品非常多元，包含股票、債券、期貨等。以投資債券為主的 ETF，多以固定收益為訴求，累積資產的效果較股票弱。而以投資期貨為主的 ETF，因為期貨具有時間價值，到期需要轉倉，所以投資人在持有的過程中得負擔衍生的轉倉成本；長期下來，ETF 的淨值會被侵蝕，進而影響報酬率，不適合用來穩健地累積資產。

　　相比之下，股票型 ETF 相對適合長期持有，不過也要留意，並非每一檔股票型 ETF 都可以拿來存。因為它又可以分為市值型、高息型、產業型 3 大類（詳見表 1）。這 3 大類的 ETF，適合的投資人不太一樣，以下分別來看它們的簡介與特色：

類別	意義	適合投資族群
市值型 ETF	追蹤與大盤有高度連動性的指數，成分股權重皆按公司市值排序，績效會貼近整體大盤表現，近來也會加入一些 ESG（環境、社會、公司治理）的選股因子	想要資產穩健向上的投資人
高息型 ETF	主要以高殖利率作為選股因子，以能夠配發相對高的股息為主要目的	需要定期現金流的投資人
產業型 ETF	追蹤特定產業，譬如科技業、金融業等	看好特定產業，且能接受較大波動的投資人

表1 **產業型ETF追蹤特定產業**
——股票型ETF可分為3大類

股票型ETF可分為3大類

1. 市值型 ETF

所謂的市值型 ETF，最大的特色就是追蹤與大盤有高度連動性的指數，主要目的在於報酬表現要盡量貼近大盤，因此成分股篩選以「市值」為依據，代表個股的市值，需要達到一定的規模才會被指數納入。

舉例來說，知名的市值型 ETF，如元大台灣 50（0050）、富邦

台 50（006208）等，這 2 檔都是追蹤「台灣 50 指數」，持股為台股中市值前 50 大的公司。

且在 ETF 發展愈來愈多元的狀況下，有些 ETF 除了以市值作為選股邏輯外，也加入一些長期趨勢的因子，如追蹤「公司治理 100 指數」的富邦公司治理（00692）、和追蹤「台灣永續指數」的元大臺灣 ESG 永續（00850）等。

2. 高息型 ETF

高息型 ETF，顧名思義，就是以「高股息」為訴求，所以指數在編製時，主要以高殖利率作為選股因子，以能夠配發相對高的股息為主要目的。

代表的高息型 ETF，像是受益人數高達 65 萬人的元大高股息（0056），追蹤指數是「台灣高股息指數」。而成分股的篩選，主要是從台股市值前 150 大的個股中，選出未來 1 年預測現金股利殖利率最高的 30 檔股票。

另外，近來有些高息型 ETF 也會納入其他選股因子，如國泰永續高股息（00878）納入 ESG 評鑑、元大台灣高息低波（00713）則增加了波動度的考量等。

3. 產業型 ETF

　　至於產業型 ETF，則是鎖定特定產業、特定概念進行投資，旨在參與特定產業的趨勢。譬如，國泰 5G+（00881）持股皆以 5G 產業鏈中的公司為主、中信關鍵半導體（00891）以半導體產業為篩選主軸。

3類股票型ETF，分別適合不同類型投資人

　　市值型 ETF 是最適合用來當作長期累積部位的標的。個股的市值是由「股價乘以對外發行股數」計算而來（詳見圖 1），可以說是投資人用鈔票投票的結果，因為市值愈高，表示投資人願意用較高的價格持有這家公司的股票，也表示認同公司的發展、獲利等。

　　舉例來說，台灣上市櫃中的市值龍頭，即被稱作「護國神山」的台積電（2330），以 2022 年 6 月 27 日的收盤價來看，其市值高達 12 兆 9,263 億元，長期以來，一直占台股市值比重約 30%，在全球市值排行中也名列前茅。

　　也就是說，只要選擇的市場呈現長期向上的成長趨勢，那麼追蹤該市場的市值型比，雖然過程中也會跟著市場上下波動，但長期來看，其價值必然會跟著市場成長，自然有較大的機會可以替投資

圖1 **市值愈高，表示投資人願意用較高價格持有股票**
——市值計算公式

市值 ＝ 股價 × 對外發行股數

代表一家公司的規模，股價愈高、市值愈高，也表示投資人愈認同公司的發展

人創造不錯的績效。

　　以元大台灣 50 來看，該 ETF 自 2003 年 6 月 30 日掛牌以來，其走勢和台股大盤亦步亦趨（詳見圖 2），只要台股長期趨勢向上，元大台灣 50 這類的市值型 ETF 自然受惠於台股市值節節高升，股價也跟著上漲。

　　元大台灣 50 掛牌當天的收盤價為每股 37.08 元，截至 2022 年 6 月 20 日，收盤價已來到 119.75 元，累積報酬率為 222.95%；這段時間，台股的加權指數也從 4,872 點上漲至 1 萬 5,367 點，累積報酬率為 215.41%，兩者的績效表現相當貼近。

市值型ETF與大盤表現亦步亦趨
——元大台灣50（0050）與大盤走勢

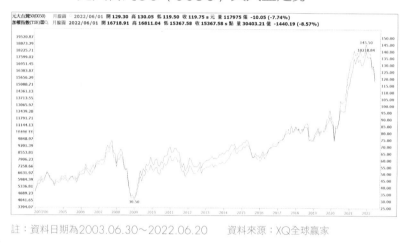

註：資料日期為2003.06.30～2022.06.20　　　資料來源：XQ全球贏家

　　而高息型ETF主要囊括高殖利率個股，但能夠有高殖利率的公司，較常見的是發展較為成熟的企業，因為不需要再將大量資金投入於研發、蓋廠等，所以可以將大多數的獲利配發給股東，因此配息也相對穩定。不過，另個面向就是，成長力道往往不如發展中的公司，所以股價較難有大幅成長的空間。

　　由此可知，高息型ETF可以當作存股標的，且適合需要定期現金流的投資人，但如果目的是要打造長期穩健向上的部位，市值型

表2 元大台灣50、富邦台50皆追蹤台灣50指數

ETF 名稱（代號）	掛牌日期	基金規模（億元）	配息頻率（每年）
永豐臺灣加權（006204）	2011.09.28	1.26	1 次
富邦摩台（0057）	2008.02.27	4.09	1 次
元大 MSCI 台灣（006203）	2011.05.12	7.23	2 次
元大臺灣 ESG 永續（00850）	2019.08.23	106.37	1 次
元大台灣 50（0050）	2003.06.30	2,418.56	2 次
富邦台 50（006208）	2012.07.17	291.28	2 次
富邦公司治理（00692）	2017.05.17	142.82	2 次

註：1. 基金規模資料日期為 2022.06.10；2. 含息年化報酬率以 2022.05.31 往回推算 1 年、3 年、5 年績效；3. 元大臺灣 ESG 永續於 2019.08.23 上市，故無 3 年及 5 年績效；4. 涵蓋台股市值比重是以各 ETF 2022.05.31 持股、2022.06.27 收盤價計算

ETF 還是更為恰當。

　　至於產業型 ETF 則有持股過於集中的問題，這是它的競爭力也是風險，因為持股集中於特定產業，當該產業大幅成長，這類的產業型 ETF 就會有巨大的潛在獲利。但反過來看，若該產業逆風、一蹶不振，這類的 ETF 恐怕「一路躺平」，波動比市值型 ETF、高息型 ETF 都來得劇烈，所以適合看好特定產業，且能接受較大波動的投資人作為參與產業波段的工具。

——7檔台股市值型ETF比較

含息年化報酬率（%）			追蹤指數	涵蓋台股市值比重（%）
近 1 年	近 3 年	近 5 年		
2.73	21.48	14.83	發行量加權股價指數	78.03
-2.11	22.84	15.04	MSCI 台灣指數	71.58
-1.77	23.27	15.54		
1.03	N/A	N/A	台灣永續指數	65.11
-2.57	22.38	14.98	台灣 50 指數	62.59
-2.32	22.60	15.33		
0.28	21.97	15.65	公司治理 100 指數	62.56

資料來源：晨星、XQ 全球贏家

用7檔具代表性的市值型ETF，抓住台股成長趨勢

想要參與台股長期向上成長的趨勢，投資人當然不是只有元大台灣 50 可以選擇，目前台灣有 7 檔較具代表性的市值型 ETF（詳見表 2），以涵蓋台股市值比重依序來看：

永豐臺灣加權（006204）追蹤發行量加權股價指數，投資範圍涵蓋上市、上櫃之所有普通股，成分股檔數不固定，目前是 200 檔。

　　富邦摩台（0057）和元大 MSCI 台灣（006203），兩者都追蹤「MSCI 台灣指數」，以上市、上櫃的公司為母體，主要以市值為篩選條件，成分股檔數不固定。

　　而元大臺灣 ESG 永續，追蹤台灣永續指數，主要是投資於 ESG 相關的台灣上市股票，成分股檔數不固定，目前是 81 檔。

　　被稱為 0050 孿生兄弟的富邦台 50，與元大台灣 50 一樣，都是追蹤台灣 50 指數，持有的成分股為台灣上市公司中，市值前 50 大的企業。

　　富邦公司治理，則追蹤公司治理 100 指數，該指數以上市公司為篩選母體，被納入成分股的公司，需在最近 1 年內為公司治理評鑑結果的前 20%，並同時考量流動性和財務指標等條件，最終篩選出 100 檔成分股。

　　績效表現方面，可以發現，時間愈長，這 7 檔 ETF 表現愈相近。近 1 年，最高和最低的報酬率表現落差有 5.3 個百分點；近 3 年，落差為 1.79 個百分點；近 5 年，落差縮小到只剩 0.82 個百分點。

　　主要原因在於，短期績效表現上，雖然它們都是市值型 ETF，但

選股邏輯仍有些差異，因此選出來的成分股檔數、權重不同。要是占比較大的成分股股價大漲或大跌，就會對 ETF 造成短期上的績效衝擊。另外，即便是追蹤同樣的指數，報酬率也會不同，因為每家投信收取的費用率不同，且也可能會藉由借券、操作期貨等方式來創造額外的利潤，種種原因導致表現有些許差異。

　　不過總體來看，市值型 ETF 是以「貼近大盤」為主要特色，所以年期愈長，表現愈貼近大盤。這 7 檔市值型 ETF 涵蓋台股上市、上櫃公司比重大約在 60% 至 70%，對台灣市場有一定的代表性。如果想參與台股的向上趨勢，就可以將這些市值型 ETF 放入觀察名單。

台灣掛牌的海外市值型ETF，主要投資中、美、日

　　在台灣，如果不僅看好台股長期向上，也看好某些海外市場，有辦法用 ETF 投資嗎？當然可以！因為在台灣掛牌的 ETF 名單中，也有投資海外市場的市值型 ETF。這類的 ETF，其成分股為國外企業，對投資人來說，不用換匯、不用開設國外交易帳戶、也不用複委託，就能參與海外市場，相對輕鬆。

　　目前在台灣掛牌的海外市值型 ETF，主要投資以中國、美國、日本為主，另外也有歐洲、印度、越南等。

表3 0061、006207皆追蹤滬深300指數
——投資中國市場的海外市值型ETF比較

ETF 名稱（代號）	掛牌日期	追蹤指數	基金規模（億元）	配息頻率（每年）
元大寶滬深（0061）	2009.08.17	滬深 300 指數	26.66	無
富邦上証（006205）	2011.09.26	上證 180 指數	46.38	無
元大上證 50（006206）	2012.05.11	上證 50 指數	12.06	無
FH 滬深（006207）	2012.06.22	滬深 300 指數	9.43	無
國泰中國 A50（00636）	2015.04.01	富時中國 A50 指數	31.65	無
富邦深 100（00639）	2015.06.09	深証 100 指數	15.08	無
中信中國 50（00752）	2018.10.31	MSCI 中國外資自由投資 50 不含 A 及 B 股指數	58.09	無

註：資料日期為 2022.06.10
資料來源：晨星、各投信官網

1. 中國市場

投資中國市場的市值型 ETF（詳見表 3），如元大寶滬深（0061）和 FH 滬深（006207），皆追蹤「滬深 300 指數」，其中「滬」是上海的簡稱，此處指上海證券交易所，而「深」則是指深圳證券

圖3 **用關鍵字快速認出中國2大交易所**
——中國2大交易所辨別方式

| 上海證券交易所 | 深圳證券交易所 |
| 關鍵字：滬、上證 | 關鍵字：深、深証 |

交易所（詳見圖 3），滬深 300 指數就是從這兩大交易所中，挑選前 300 大市值的公司。

　另外，較具規模的還有富邦上証（006205）以及元大上證 50（006206），前者追蹤「上證 180 指數」、後者追蹤「上證 50 指數」，這 2 檔 ETF 同樣都是以上海證交所中掛牌的 A 股，挑選出市值較大的企業，不過，富邦上証挑選 180 檔個股，而元大上證 50 則是從上證 180 指數中再挑選前 50 檔。

2. 美國市場

　再來看看投資於美國市場的市值型 ETF（詳見表 4），美國具代表性的指數，包含：標普 500 指數、道瓊斯工業平均指數、NASDAQ-100 指數等，投資人統統可以在台灣的 ETF 名單中找到

表4	台灣掛牌的美股ETF追蹤美國的代表性指數

——投資於美國市場的相關市值型ETF

ETF 名稱（代號）	掛牌日期	追蹤指數	基金規模（億元）	配息頻率（每年）
元大 S&P500（00646）	2015.12.14	標普 500 指數	76.13	1 次
富邦 NASDAQ（00662）	2016.06.17	NASDAQ-100 指數	56.22	無
國泰美國道瓊（00668）	2016.10.17	道瓊斯工業平均指數	3.72	無
永豐美國 500 大（00858）	2019.09.30	STOXX 美國 500 股票指數	1.30	2 次

註：資料日期為 2022.06.10
資料來源：晨星、各投信官網

對應的投資標的。比如，追蹤「標普 500 指數」的元大 S&P500
（00646）；追蹤「NASDAQ-100 指數」的富邦 NASDAQ
（00662），該指數篩選出 NASDAQ 證券交易所掛牌的市值前
100 大、非金融類公司。

　　追蹤「道瓊斯工業平均指數」的國泰美國道瓊（00668），由
30 檔成分股組成。另外，有追蹤「STOXX 美國 500 股票指數」的
永豐美國 500 大（00858），其成分股涵蓋美國 500 檔大型股票。

表5 **國泰新興市場（00736）投資區域跨新興市場**
　　　　—— 投資於日本與其他市場的海外市值型ETF比較

投資區域	ETF 名稱（代號）	掛牌日期	追蹤指數	基金規模（億元）	配息頻率（每年）
日本	富邦日本（00645）	2015.11.06	東証股價指數	5.68	無
	國泰日經 225（00657）	2016.05.09	日經 225 指數	1.46	無
	元大日經 225（00661）	2016.06.15		2.10	1 次
歐洲	元大歐洲 50（00660）	2016.06.15	歐洲 STOXX50 指數	2.46	1 次
	富邦歐洲（00709）	2017.08.15	富時發展歐洲指數	1.89	無
印度	富邦印度（00652）	2016.03.29	NIFTY 指數	5.97	無
越南	富邦越南（00885）	2021.04.19	富時越南30指數	145.27	無
全球新興市場	國泰新興市場（00736）	2018.06.11	富時新興市場（納入 A 股）指數	1.59	2 次

註：資料日期為 2022.06.10
資料來源：晨星、各投信官網

3. 日本與其他市場

最後，來看其他海外市場的市值型 ETF（詳見表 5），比如投資於日本的有：富邦日本（00645），追蹤「東証股價指數」；國泰

日經 225（00657）、元大日經 225（00661）皆追蹤「日經 225 指數」。

投資歐洲的有元大歐洲 50（00660），追蹤「歐洲 STOXX50 指數」，該指數成分股主要是歐元區市值前 50 大的公司；富邦歐洲（00709）追蹤「富時發展歐洲指數」，投資歐洲已開發國家。

另外，這幾年東南亞的發展日益受到重視，台灣也有相關的 ETF，比如富邦印度（00652）追蹤「NIFTY 指數」，該指數等於是印度版的台灣 50，是追蹤印度前 50 大市值的公司；而富邦越南（00885）追蹤「富時越南 30 指數」，該指數是在考量外資持股限制及流動性後，選取胡志明證券交易所中市值最大的 30 檔股票。

國泰新興市場（00736）則是一檔跨國家的市值型 ETF，追蹤「富時新興市場（納入 A 股）指數」，可以投資的區域包含台灣、香港、印度、南非、泰國、巴西、墨西哥等新興市場。

值得注意的是，大多數以海外證券為成分股的 ETF 都沒有配息機制，少數有配息機制的 ETF，也不一定會每次都配息；另外，有些海外的市值型 ETF 基金規模較小、流動性比較不足，投資人除了選擇市場外，也要留意 ETF 在實際交易面的狀況。

2-2 高息型ETF配息穩定 適合需固定現金流族群

台灣投資人相當喜愛能夠配發高息型的 ETF，以 2022 年 6 月的台股原型 ETF 受益人數排行榜來看，前 5 名就有 3 檔是高息型 ETF（詳見表 1）。

第 1 名是元大高股息（0056），受益人數高達約 69 萬人、第 2 名是國泰永續高股息（00878），受益人數約為 56 萬人、第 5 名是富邦特選高股息 30（00900），受益人數約 20 萬人，光是這 3 檔 ETF 的投資人數就有約 145 萬人！

看到這麼多投資人都有布局高息型 ETF，一定很多人想問：靠高息型 ETF 累積千萬元，到底行不行？當然可以！不過，投資人一定要有一個認知：整體的投資報酬率，高息型 ETF 較難贏過市值型 ETF，但是高息型 ETF 擁有配息穩定的特點，適合需要有固定現金流的族群。

台股ETF中，元大高股息受益人數名列第1
——台股原型ETF受益人數排行榜

排名	名稱（代號）	類型	受益人數（人）
1	元大高股息（0056）	高息型 ETF	688,674
2	國泰永續高股息（00878）	高息型 ETF	563,918
3	元大台灣 50（0050）	市值型 ETF	559,075
4	國泰 5G+（00881）	產業型 ETF	378,868
5	富邦特選高股息 30（00900）	高息型 ETF	200,315

註：資料日期至2022.06　　資料來源：台灣集中保管結算所

相較市值型ETF，高息型ETF波動較小

我們用實際的數據舉例，來看元大高股息和元大台灣 50（0050）的績效表現。

元大高股息為台灣高息型 ETF 的知名代表之一，自 2007 年 12 月掛牌迄今已 15 年，而元大台灣 50 是市值型 ETF 的代表，自 2003 年 6 月掛牌迄今已 19 年，兩者都有超過 10 年的績效可以觀察，所以就來看兩者近 1 年、3 年、5 年、10 年的含息報酬率和近年來的配息情況。

表2	0056短中長期報酬率皆低於0050			

0056短中長期報酬率皆低於0050
──元大台灣50、元大高股息總報酬率

名稱（代號）	含息年化報酬率（％）			
	近1年	近3年	近5年	近10年
元大台灣50（0050）	-2.57	22.38	14.98	13.42
元大高股息（0056）	-4.63	13.00	10.66	8.37

註：資料日期至 2022.05.31　　資料來源：晨星

　　先從報酬表現來看，可以發現不論是哪段期間的績效，都是元大台灣50的年化報酬率比較好，尤其因為2019年以來，台股大漲，近3年的含息年化報酬率更是相差了9.38個百分點（詳見表2）。

　　用報酬表現來看，可能沒什麼感覺，那麼直接來看股價，以2012年6月1日、2022年5月31日的還原收盤價來比較，可以看到元大台灣50從每股35.84元漲到129.8元，10年累積的漲幅為262.17%；元大高股息則從每股13.86元漲到31.40元，累積的漲幅為126.55%，明顯比元大台灣50少了一截（詳見圖1）。

　　為什麼會這樣？因為高息型和市值型ETF的選股邏輯本就不同，

市值型 ETF 是以市值規模為選股依據，也就是公司的市值愈大、被選入成分股的機率愈高，所以基本上選出來的都是市場上的龍頭公司，且基於 ETF 定期汰換成分股的狀況，當公司市值縮水時還會被剔除。

因此，只要市值型 ETF 追蹤的市場長期向上，ETF 的規模、淨值，基本上都會跟著盤勢往上走。尤其牛市時，龍頭公司的股價更是漲多跌少。

高息型 ETF 則以高殖利率作為選股因子，選出來的成分股，常見是發展較成熟的企業，因為不需大量資本支出，可將獲利配發給股東，且因為成熟穩定，股價的波動相對較小。另外，當 ETF 都是囊括像中華電（2412）這類的成熟穩定公司，股價向上的力道自然較難追上市值型 ETF，反映在報酬上，市值型 ETF 也就會表現較好。

如果是這樣，那存高息型 ETF 來累積資產有優勢嗎？當然有，包含配息穩定、股價波動會比市值型 ETF 來得小。

來看配息的狀況，以 2012 年至 2021 年來說，元大高股息和元大台灣 50 這 2 檔 ETF 都是年年配息、年年填息，表現皆不錯。不過，元大高股息這 10 年的殖利率介於 3.61% 至 6.7%，平均值為

圖1 近10年來，0056上漲幅度不如0050
——元大台灣50、元大高股息股價走勢

元大高股息(0056)日 還原月報價 2022/07/01 開 27.50 高 27.55 低 26.14 s 收 26.62 s 元 量 334607 張 -0.94 (-3.41%)
元大台灣50(0050)日 還原月報價 2022/07/01 開 115.65 高 115.65 低 108.45 收 109.55 s 元 量 141684 張 -6.25 (-5.40%)

兩者股價都向上
成長，但高息型
ETF漲勢較市值
型ETF弱一些

註：資料日期至2022.07.12　　資料來源：XQ全球贏家

5.04%，比元大台灣 50 的 1.28% 至 3.71%，平均值 2.91% 還來得高（詳見表 3）。

不過，很多人會質疑，如果買進之後持續持有部位，成本早就在一開始進場時確定，殖利率並不受股價持續上漲而降低。舉例來說，進場時股價 100 元、當年度配息 5 元，殖利率 5%；隔年，同樣配息 5 元，而成本沒有變動，還是 100 元，所以享有的殖利率仍為 5%，但市場價格假設上漲到 120 元，對當時進場的人來說，殖利

元大高股息殖利率高過元大台灣50

名稱（代號）	項目	2012 年	2013 年	2014 年	2015 年	2016 年
元大台灣 50（0050）	配息金額（元）	1.85	1.35	1.55	2.00	0.85
	年均殖利率（％）	3.54	2.40	2.43	3.01	1.28
元大高股息（0056）	配息金額（元）	1.30	0.85	1.00	1.00	1.30
	年均殖利率（％）	5.49	3.61	4.12	4.33	5.67

註：1.為股利發放年度；2.元大台灣50自2017年後改為半年配，此表以全年發放金額計

率只有 4.17%。

　　站在這樣的角度來看，確實買市值型 ETF 來當「雪球」就好，可是大家不要忽略了，高息型 ETF 的優勢在於配息穩定，以元大高股息和元大台灣 50 的配息來說，兩者配息的絕對金額整體而言是愈來愈高，但元大高股息的配息數字更為穩健。

　　比較這 10 年來，元大台灣 50、元大高股息股利縮水最嚴重的情況。元大台灣 50 在 2015 年每股配息 2 元，但 2016 年大幅縮水58%，只配發了 0.85 元。元大高股息股利發生縮水最嚴重的年度

——元大台灣50、元大高股息的配息金額與年均殖利率

2017 年	2018 年	2019 年	2020 年	2021 年	近 10 年平均
2.40	2.90	3.00	3.60	3.40	2.29
3.05	3.55	3.61	3.71	2.48	2.91
0.95	1.45	1.80	1.60	1.80	1.31
3.78	5.62	6.70	5.61	5.42	5.04

資料來源：Goodinfo！台灣股市資訊網

則在 2013 年，因為 2012 年配息 1.3 元、2013 年只配了 0.85 元，但縮水幅度只有 35%，遠遠不及元大台灣 50 的股利縮水程度，可見高息型 ETF 的配息還是相對穩定。

至於股價波動方面，若將市值型 ETF 比喻成台積電（2330）、高息型 ETF 比喻成中華電，就不難理解，前者股價波動較大、上上下下很活潑，後者則相對穩定許多。

想用更專業的數據來檢視的話，也可以觀察「標準差」。這個數據是用來衡量過去一段時間內的報酬率波動大小，數值如果愈大，

代表波動度愈大、不確定性也愈高。元大高股息近 1 年、近 3 年和近 5 年的年化標準差分別為 10.69%、15.01%、14.01%，都比元大台灣 50 的 11.52%、18.76%、16.97% 來得低。（詳見表 4）。

綜合以上，如果不想承受過大波動，且想要穩定領取配息的投資人，就可以用高息型 ETF 來累積資產，雖然速度比市值型 ETF 慢一些，但累積的過程中，可以較為安心，且每年穩穩領股息。

搞懂高息型ETF 3種選股邏輯，挑選合適標的

那麼，市場上有哪些高息型 ETF 呢？目前有 8 檔具有代表性的高息型 ETF（詳見表 5），包含元大高股息、國泰股利精選 30（00701）、元大台灣高息低波（00713）、富邦臺灣優質高息（00730）、FH 富時高息低波（00731）、國泰永續高股息、富邦特選高股息 30、永豐優息存股（00907）。

這 8 檔 ETF，在選股邏輯上，雖都是以「高股息」為訴求，不過它們篩選的方式卻不太一樣，甚至還會加入如「低波動」、「ESG（環境、社會、公司治理）」等選股因子。但是，既然高股息為這 8 檔 ETF 的核心價值，我們就特別針對這點，將選股邏輯分為：預測未來、掌握當下、參考過去，共 3 種邏輯來介紹這 8 檔 ETF（詳見表 6）。

名稱（代號）	年化標準差（％）		
	近1年	近3年	近5年
元大台灣50（0050）	11.52	18.76	16.97
元大高股息（0056）	10.69	15.01	14.01

 表4 **元大高股息股價波動較元大台灣50小**
——元大台灣50、元大高股息年化標準差

註：資料日期至2022.05.31　　資料來源：晨星

1.預測未來

挑選成分股時，是以推估未來可配發出高殖利率的個股為優先，具有預測性質。代表的ETF就是元大高股息，它的選股方式是：

以台灣50指數及台灣中型100指數的150檔個股為母體，從中選取「未來1年預測現金股利殖利率最高的30檔個股作為成分股」，成分股的權重以現金股利殖利率決定而非市值，且每半年會調整成分股。

2.掌握當下

以「貼近實際配息情況」來計算及挑選高殖利率的成分股，富邦特選高股息30為代表，是目前較特殊的選股方式，邏輯如下：

部分高息型ETF納入低波動、ESG選股因子

ETF 名稱（代號）	掛牌日期	基金規模（億元）	配息頻率（每年）	
元大高股息（0056）	2007.12.26	1,265.34	1 次	
國泰股利精選 30（00701）	2017.08.17	88.57	2 次	
元大台灣高息低波（00713）	2017.09.27	92.25	1 次	
富邦臺灣優質高息（00730）	2018.02.08	15.68	1 次	
FH 富時高息低波（00731）	2018.04.20	11.84	1 次	
國泰永續高股息（00878）	2020.07.20	640.96	4 次	
富邦特選高股息 30（00900）	2021.12.22	303.28	4 次	
永豐優息存股（00907）	2022.05.24	N/A	6 次	

註：1. 基金規模資料日期為2022.06.10；2. 含息年化報酬率資料日期至
2022.05.31；3.部分ETF因成立時間較短，故無報酬率相關資訊

　　母體為上市、上櫃公司中，市值前 200 大的公司，經過流動性、獲利檢驗後，再依照殖利率選擇成分股。富邦特選高股息 30 每年度會進行 3 次的成分股審核、汰換，雖然都是依照殖利率做排序選出 30 檔成分股，不過每次狀況不太一樣。

　　它有 2 種方式計算殖利率，第 1 種是以「最近 4 季現金股利總和」除以「審核資料截止日股價」計算殖利率；第 2 種是以「最近 4 季

──台股8檔高息型ETF比較

含息年化報酬率（%）			追蹤指數
近 1 年	近 3 年	近 5 年	
-4.63	13.00	10.66	台灣高股息指數
13.18	11.72	N/A	低波動股利精選 30 指數
9.40	19.25	N/A	特選高股息低波動指數
-8.44	5.51	N/A	道瓊斯台灣優質高股息 30 指數
11.19	12.76	N/A	富時台灣高股息低波動指數
3.49	N/A	N/A	MSCI 台灣 ESG 永續高股息精選 30 指數
N/A	N/A	N/A	特選台灣上市上櫃高股息 30 指數
N/A	N/A	N/A	特選臺灣優選入息存股指數

資料來源：台灣證券交易所、晨星、XQ全球贏家、各投信

每股盈餘總和」乘以「過去 3 年平均現金股利發放率」除以「審核資料截止日股價」計算（詳見圖 2）。

第 1 次審核在 4 月，然而這個時間點，並非所有公司都已公告配息，所以針對當年度已宣告股利數字的公司，會採用第 1 種方式計算殖利率，尚未公告者則採用第 2 種方式。第 2 次審核在 7 月，多數的公司都已經公布了配息金額，所以僅採第 1 種方式計算殖利率。

第 3 次審核在 12 月，由於當年度的配息、除息都已經結束，所以要期待的是隔一年的配息，因此富邦特選高股息 30 會以第 2 種方式來計算殖利率，假設現在是 2022 年 12 月，它會採用 2021 年第 4 季、2022 年第 1 季至第 3 季的季報數字來計算殖利率。

整體看起來，主要是以個股當年度已確知的配息、殖利率來篩選，納入成分股之後，富邦特選高股息 30 就可以參加該個股當年度的除息，具有貼近當下的特色。

3. 參考過去

主要是以個股過去的表現，篩選出殖利率高、配息穩定的公司納入成分股，譬如國泰股利精選 30、元大台灣高息低波、富邦臺灣優質高息、FH 富時高息低波、國泰永續高股息、永豐優息存股等 6 檔 ETF 皆為此類型。

以國泰永續高股息為例，它的選股邏輯是：其選股母體為 MSCI 台灣指數中的個股，接著觀察 ESG、規模與獲利情況、殖利率，選出 30 檔成分股。殖利率的觀察方式是以「0.25× 近 12 個月年化股息殖利率 ＋ 0.75× 近 3 年平均年化股息殖利率」計算股利分數。

這類型「參考過去」的 ETF，主要是以歷史成績來評價個股，就

	元大高股息預測未來可配發高殖利率個股	
	——高息型ETF的3種選股邏輯	

選股邏輯	意義	代表 ETF
預測未來	推估未來可配發出高殖利率的個股	元大高股息（0056）
掌握當下	貼近實際當下的配息、殖利率情況，等於納入成分股後，就確定可以領到多少股息	富邦特選高股息30（00900）
參考過去	主要以個股過去的表現，篩選出殖利率高、配息穩定的公司納入成分股	國泰股利精選30（00701）、元大台灣高息低波（00713）、富邦臺灣優質高息（00730）、FH富時高息低波（00731）、國泰永續高股息（00878）、永豐優息存股（00907）

像在看學生的成績單時，通常都會有延續性，假設某位學生長年都是考取 90 分以上的高分，便可預估下一次的考試，他的成績也不會太差。

若要比較市面上主要 3 種選股邏輯誰比較好，目前尚無答案，可能也永遠不會有答案，因為市場變化大，每種邏輯都有優缺點。但從報酬率來看，因為除了元大高股息，其餘高息型 ETF 的掛牌時間都未滿 5 年，所以報酬表現數據較不完整。

00900掌握當下成分股配息情況，定期汰換
——富邦特選高股息30（00900）審核方法

方式1：
最近4季現金股利總和
÷審核資料截止日股價

方式2：
最近4季每股盈餘總和×過去3年平均
現金股利發放率÷審核資料截止日股價

第1次審核：4月
採用方式1加方式2，因
為當下並不是所有公司都
已公告當年度配息金額

第2次審核：7月
採用方式1，因當下
多數公司都已公布配
息金額

第3次審核：12月
採用方式2，著眼隔年
的股利

資料來源：富邦特選台灣高股息 30 ETF 基金公開說明書

但就近 1 年的報酬率來看，由於統計期間是 2021 年 6 月 1 日至 2022 年 5 月 31 日，恰好 2022 年以來遇到市場大幅向下波動，所以標榜低波動的 3 檔 ETF——國泰股利精選 30、FH 富時高息低波、元大台灣高息低波表現都不錯，這也說明了低波動的選股因子確實有一定成效。但更長期的績效驗證，只能靜待時間給它們考驗。

再觀察 3 年的年化報酬率表現，掛牌超過 3 年的 5 檔 ETF 中，有 4 檔的表現都是雙位數；而唯一掛牌滿 5 年的元大高股息，近 5 年

的年化報酬率為 10.66%，也相當不錯。

　　另外，可以留意，這 8 檔高息型 ETF 的配息次數從每年 1 次到每年 6 次都有，投資人也可以評估自己需要的配息頻率，作為挑選的參考之一。

2-3 ESG ETF兼顧獲利與永續 長期績效表現佳

在本書 2-1 和 2-2 中，曾為大家介紹哪些類型的 ETF 較適合長期持有，及分別具有哪些投資特性，如國內外常見、具代表性的市值型 ETF，及特定的高息型 ETF，經長期存股試算後可得知，在過去一段很長的時間裡，都有不錯的績效表現。

除了先前提到的市值型與高息型這 2 類 ETF 外，隨著投資人對 ETF 的需求與關注度有增無減，各種選股因子（Smart beta）的新型態 ETF（詳見圖 1），正如雨後春筍般不斷問世，這現象尤其在近幾年更是明顯，不論是在數量、種類或國內 ETF 的整體規模上，正以史無前例的速度成長著。

而在眾多的台股 ETF 類型裡，當中有類 ETF 相對低調，和歷史悠久的台股市值型 ETF 如元大台灣 50（0050），或高息型 ETF 如元大高股息（0056）等標的相比，人氣、知名度可能沒那麼高，成

圖1 ## ESG為常見的選股因子之一
—— 9項選股因子（Smart Beta）

成長動能

殖利率

價值

獲利能力

常見選股因子
（Smart Beta）

ESG

環境
（Environment）

社會
（Social）

公司治理
（Governance）

市值

品質

高股息

低波動

立時間也不算太長，但在報酬表現卻絲毫不馬虎，因此受到不少投資人的喜愛，這類型 ETF 就是「永續型 ETF」，又稱為 ESG ETF。

　　不過，令投資人好奇的是，究竟這種 ESG ETF 適不適合長期持有呢？在解答這個問題前，我們先來了解一下什麼是 ESG ETF ？以及台灣 ETF 市場裡又有哪幾檔標的屬於 ESG ETF ？

基本認識》用指數判斷是否符合ESG理念

　　永續型 ETF 又稱 ESG ETF，主要是在指數中加入 ESG 選股因子，也就是環境保護（Environment）、社會責任（Social）及公司治理（Govermance），每個層面背後各有代表的意義（詳見表 1）。

　　雖然在近幾年的全球投資市場中，有愈來愈多人重視 ESG 這樣投資概念，但其實 ESG 並非一項新的投資概念。 早在 2004 年時，聯合國全球盟約（UNGC）就曾提出 ESG 這個概念，只不過在地球環境日益惡化的今天，發生溫室效應、冰川融化、極端氣候等大環境情況愈趨惡劣的情況下，愈來愈多人選擇開始重視這些議題，投資當然也不例外。如果在投資企業的同時，又能讓地球變得更好，這就是 ESG 投資最主要的核心精神。

　　以往企業在經營上，一般會以追求自身利益的最大化為目標，也就是想方設法去賺取更多錢，因此必須讓獲利不斷成長、擴大，只在乎能否賺進更多錢這個「結果」，而不在乎使用何種手段、方式，所以在這個過程中，很有可能會出現破壞環境、製造汙染、壓迫勞工或造成其他社會問題等情事發生。

　　而投資人在出錢投資一家公司時，通常只會看見財報上冷冰冰的

表1

ESG涵蓋3大層面
——ESG的含意與說明

項目	說明
E（Environment）環境保護	著重在環境汙染事項以及相關管制措施，包括氣候變化、自然資源、汙染與浪費、環境機會等，其中像碳排放、產品碳足跡、水資源、生物多樣性、有毒物質排放管制等也皆屬之
S（Social）社會責任	著重受產業影響之利害關係人面向上，如人力資源、客戶福利、勞工關係、產品可信度、社會機會等
G（Govermance）公司治理	著重公司的行為和治理層面，如商業倫理、競爭行為、供應鏈管理、企業聲譽、營運穩定度、納稅透明度等

數字，卻無從得知藏在公司獲利數字的背後，很可能是用極大的社會成本去換來的。因此，市場才會出現，以 ESG 概念為投資主題的商品標的，讓人們可以藉由投資行為使整個世界、環境有機會變得更好。也就是說，投資人有選擇投資對象的權利，去投資那些在追求自身利益、企業成長的同時，還能兼顧環境保護、社會責任及公司治理的企業。

目前全球市場中，ESG 評鑑機構多如牛毛，每家機構的評鑑標準、角度和特色也都不同，幾家比較常見的 ESG 評鑑機構，例如標

準普爾道瓊指數公司（S & P Dow Jones Indices,S & PDJI）、摩根士丹利資本國際指數（MSCI）、富時羅素（FTSE Russell）、晨星（Morningstar Sustainalytics）、彭博（Bloomberg）等幾家所做的ESG 評鑑系統，通常能在不少投資商品中找到它們的身影（詳見表2）。

　　不過，要辨識 1 檔 ETF 是否屬於 ESG 的範疇，絕不能只看名稱就判定，箇中關鍵在於其追蹤的「指數」。換句話說，有些基金可能在名稱或特色上，會讓人誤以為是和 ESG 相關的產品，但其實本質上並非如此，因此最重要的判斷指標，就是了解該檔 ETF 的核心靈魂——從指數的選股邏輯，來判斷它究竟是否真的是 1 檔符合ESG 投資理念的 ETF。

　　廣義來說，只要符合 E、S、G 3 個層面中的任一種，通常就會被視為是 ESG 的投資範疇。但要注意的是，目前國際上並沒有統一的ESG 評鑑標準，且各檔 ESG ETF 所採用的評鑑標準也不盡相同，因此所選出來的成分持股也會有所差異。

　　像是富邦公司治理（00692）和中信小資高價 30（00894）這2 檔 ETF，翻開其公開說明書中的指數選股邏輯會發現，其成分股皆是以「公司治理」作為選股標準，因此被歸納為 ESG ETF 的範疇

表2 MSCI用7級別評定ESG表現
—— 國際上常見的3種ESG評級方式

機構	MSCI	FTSE Russell	Morningstar Sustainalytics
評級方式	設定ESG 3大面向、10大主題及相對應的35個關鍵指標	在 ESG 3 大支柱下設定14個相關主題、超過300個評鑑指標	設定公司治理、關鍵ESG議題及企業遭遇的獨特議題等3領域,並區分可控風險及不可控風險2種
評級標準	7 個 級 別(AAA、AA、A、BBB、BB、B、CCC)。AA 以上為ESG表現領先;A ～ BB 為 ESG 表現中等;B 以下為ESG 表現落後	0 分～ 5 分,分數愈高代表 ESG 表現愈好	0 分～ 40 分以上,分數愈低代表 ESG表現愈好

資料來源:MSCI、FTSE、Morningstar Sustainalytics

中。至於國內其他5檔ESG ETF,則是以更多元化的ESG面向選股,各自所採用的評鑑標準也不盡相同(詳見表3)。

挑選標的》用4項指標篩選國內優質ESG ETF

掌握 ESG 評鑑與 7 檔國內股票型 ESG ETF 後,本章的核心重點來了,那就是究竟該如何挑選 1 檔適合長期存股的 ESG ETF 呢?當

| 表3 | 國內ESG ETF追蹤指數皆不同 |

ETF 名稱（代號）	掛牌時間	追蹤指數
富邦公司治理（00692）	2017.05.04	台灣公司治理 100 指數
元大台灣 ESG 永續（00850）	2019.08.23	台灣永續指數
國泰永續高股息（00878）	2020.07.20	MSCI 台灣 ESG 永續高股息精選 30 指數
永豐台灣 ESG（00888）	2021.03.31	富時台灣 ESG 優質指數
中信關鍵半導體（00891）	2021.05.28	ICE FactSet 台灣 ESG 永續關鍵半導體指數
中信小資高價 30（00894）	2021.08.13	特選小資高價 30 指數
永豐優息存股（00907）	2022.05.24	特選台灣優選入息存股指數

註：1. 本表依掛牌時間先後排序；2.00888 為上櫃、其餘為上市

然，在挑選 ETF 時，檢視指標有很多，最常見的幾項指標如報酬表現、ETF 的總費用成本（包括內扣費用）、市值大小、流動性……等，但本書礙於篇幅關係，無法將每一種篩選指標都納入並詳盡說明。

因此，挑選出以下 4 項最常見，也具代表性的檢核指標，分別為「指數邏輯」、「報酬績效」、「基金規模」與「配填息表現」來做說明。

——7檔國內的股票型ESG ETF

收益分配	評價月份（月）	除息月份（月）
半年配	6、10	7、11
年　配	10	11
季　配	1、4、7、10	2、5、8、11
季　配	3、6、9、12	1、4、7、10
季　配	1、4、7、10	2、5、8、11
季　配	1、4、7、10	2、5、8、11
雙月配	1、3、5、7、9、11	2、4、6、8、10

資料來源：台灣證券交易所、各大投信

1. 指數邏輯

要了解 1 檔 ETF，得先從了解它所追蹤的指數及選股邏輯開始。雖然表 3 中 7 檔 ETF 都帶有 ESG 色彩，但本質上卻可能大相逕庭，因此在挑選標的時，務必得先了解並做好功課。

同時，在不同的選股邏輯差異下，為了和市值型 ETF 做比較，表 4 中也將市值型 ETF 的代表、與台股大盤連動性高的元大台灣 50

表4　多檔ESG ETF前3大持股產業與0050雷同

ETF 名稱（代號）	追蹤指數	前3 大持股產業 （占比，%）
富邦公司治理 （00692）	台灣公司治理 100 指數	電子／資訊技術（68.98） 金融保險（15.00） 塑膠工業（5.04）
元大台灣 ESG 永續 （00850）	台灣永續指數	電子／資訊技術（57.88） 金融保險（19.36） 原材料（6.82）
國泰永續高股息 （00878）	MSCI 台灣 ESG 永續高 股息精選 30 指數	電腦及周邊設備（28.21） 金融保險（25.23） 通信網路（8.67）
永豐台灣 ESG （00888）	富時台灣 ESG 優質指數	半導體（50.07） 金融保險（15.58） 電腦周邊（13.01）
中信關鍵半導體 （00891）	ICE FactSet 台灣 ESG 永 續關鍵半導體指數	電子／資訊技術／半導體 （100）
中信小資高價 30 （00894）	特選小資高價 30 指數	電子／資訊技術（57.98） 電子零組件（15.96） 電腦周邊（5.52）
永豐優息存股 （00907）	特選台灣優選入息存股指 數	金融保險（59.87） 水泥工業（7.31） 鋼鐵工業（5.12）
元大台灣 50 （0050）	台灣 50 指數	電子／資訊技術（68.43） 金融保險（14.94） 原材料（6.69）

註：資料日期至 2022.06

——7檔ESG ETF與元大台灣50選股邏輯、產業持股比較

前 3 大成分股 （占比，%）	主要選股邏輯
台積電（40.11） 鴻　海（4.33） 聯發科（3.99）	1. 上市股票中，選出 ESG 發展、公司治理評鑑前 20% 者 2. 流動性檢驗及財務指標合格者
台積電（28.43） 鴻　海（5.69） 聯發科（5.65）	上市股票中符合 ESG 標準的公司（採 FTSE Russell ESG 評鑑標準）
台　泥（4.78） 仁　寶（4.64） 華　碩（4.59）	1. 符合 ESG 標準（採 MSCI ESG 評鑑標準） 2. 成分股權重採殖利率加權法，聚焦高殖利率個股
台積電（26.90） 聯　電（15.22） 玉山金（4.36）	1. 精選 ESG 分數高者（採 FTSE ESG 評鑑標準） 2. 股息殖利率作為加權因子
聯發科（20.56） 台積電（18.86） 聯華電子（11.12）	1. 鎖定台灣上市櫃中以半導體為主的企業 2. 市值 1 億美元以上 3. 過去 1 季成交值達 50 萬美元以上 4. 符合 ESG 標準（採 Sustainalytics ESG 評鑑標準）
台積電（24.82） 聯發科（9.89） 台達電（5.29）	1. 鎖定台灣上市櫃股價排名前段且價格 > 200 元 2. 公司治理評鑑排名前 50% 3. 聚焦具有成長力、獲利能力的高價股
永豐金（6.36） 開發金（5.44） 亞　泥（5.38）	針對景氣循環民生必需相關產業，以市值、每股盈餘、ESG 評鑑（採中華民國企業永續發展協會 ESG 評鑑標準）、配發股利等條件篩選
台積電（46.53） 鴻　海（4.67） 聯發科（4.63）	上市股票中市值排行前 50 大者

資料來源：各大投信基金月報、基金公開說明書

（0050），一同列入做產業持股的比較。若想進一步了解如何查詢 ETF 的成分持股，可參閱本章節最後的圖解教學。

而從表 4 中可發現，將這 7 檔 ETF 的指數選股邏輯、特色和持股產業等做簡單歸納整理，大致歸納出以下 3 種類型：

①**類市值型**：雖然在指數篩選邏輯上各自不同，但有 3 檔 ESG ETF──00692、元大台灣 ESG 永續（00850）、 永豐台灣 ESG（00888），不論是持股產業還是成分股比重，都和 0050 較為相似，產業皆以電子類股（資訊技術、半導體等）和金融保險類股為重，主要成分個股則多以台積電（2330）、聯發科（2454）、鴻海（2317）等比重高。

由於 0050 擁有和台股大盤高度連動性的特色，若單從表 4 各檔 ESG ETF 的「持股產業及成分」上來看，00692、00850 及00888 因為持股產業和比重與 0050 相似，故估計在報酬表現上應也不會和 0050 及大盤差距太遠。關於報酬表現部分，我們將在下個段落中為大家做回測觀察與比較。

②**偏重單一產業類型**：7 檔 ESG ETF 中，持股明顯偏重投資單一產業的有 2 檔，分別是中信關鍵半導體（00891）以及00894。

00891 從基金名稱和指數，可較直觀察覺到它就是 1 檔專以台灣的半導體產業為主，也就是屬於「單一產業主題型」的 ETF。

另 1 檔 00894 在指數選股設計上，雖不像 00891 一樣鎖定特定產業，但因為台股中的權值主力股多為電子類股，這類型的股票價格往往動輒數百元起跳，00894 主要針對台股上市櫃中的高價股為投資標的，在這樣的情況下，所選出來的產業持股自然也偏重在電子類股上，其 3 大產業比重上，很明顯能看見全部皆為電子類股。

無論是單一產業主題型或是 00894，假如持股太過偏重某特定產業，「風險」就是它最大的問題。過去你可能會聽見有人說：「股票型 ETF 就是買進一籃子股票，可以做到風險分散。」但在今天各類新式 ETF 不斷推陳出新的時代下，這句話或許已不再正確。原因在於，過去 ETF 種類少、選擇也少，又多以市值型 ETF 為主。若把那句話用在單一主題型 ETF 恐怕就沒那麼適合，畢竟買進一籃子「相同產業」的股票，萬一該產業發生系統性危機時（如產業衰退等），那麼這一籃子同產業的股票可能會無一倖免。相反地，當該產業迎來大榮景時，這類型的 ETF 通常就會有非常強勁的成長力道，很有可能會為投資人帶來打敗大盤的超額報酬。

風險和報酬往往是一體兩面的抉擇，且還有一點是，沒有人說得

準未來特定的某產業前景會持續向上成長或邁向衰敗，這種偏重單一產業的 ETF 往往有波動較大、風險較高的特性，因此「通常」較不符合追求報酬穩健成長與穩定領息的存股投資人。

③**多因子複合型**：而國泰永續高股息（00878）以及當中最新、成立時間最短的永豐優息存股（00907），這 2 檔 ETF 在指數選股上較為特殊，結合了 2 種或 2 種以上的選股因子。

以 00878 為例，它結合了「高股息」與「ESG」這 2 項因子；也就是說，它可以被分類在高息型 ETF，亦可被視為是 ESG ETF 的範疇。00878 為台灣第 1 檔採季配息的台股 ETF，雖然成立至今僅約短短 2 年左右，卻累積了非常高的人氣，截至 2022 年 7 月 1 日集保所數據顯示，受益人數為 56 萬 3,918 人，正式超車元老級 ETF、長期位居人氣二哥 0050，成為目前台股原型 ETF 中人氣亞軍（編按：截至同一時間，台股 ETF 人氣之冠為元大高股息，同期受益人數為 68 萬 8,674 人）。在持股產業上，以營運穩健、股價相對電子股牛皮的金融類股，以及電子通訊類股為主，在主要的持股產業間的比重配置上，較無顯著的懸殊差異。

另 1 檔採多因子選股、同時也是很新的 ETF 是 00907，主打布局在「電傳金」（編按：電子、傳產、金融）這 3 大產業領域。

相對於 00878、00907，這檔 ETF 更集中在金融類股、比重將近 60%。同時，它還是首檔採「雙月配息」的 ETF，且從產業布局及配息設計上來看，00907 有著特別針對長期存股投資人而設計的味道。不過，由於 00907 掛牌至今時間過短，未來整體表現是否真能做到符合存股族需求、報酬又是否能符合投資人心中期望，仍需時間觀察。

2. 報酬績效

　　現在我們就從表 5 來做觀察，究竟這些 ESG ETF 的報酬表現會是如何？和加權股價報酬指數（大盤含息）及最具台股代表性的市值型 ETF──元大台灣 50 相比，報酬水準是否接近？又或更勝一籌？

　　由於多數 ESG ETF 掛牌至今時間都還太短、未滿 3 年，無法做中長期（5 年以上）的報酬回測，大多都需要更多一點的時間來進行觀察。而 00891 和 00907 至今都未滿 1 年，故在本次報酬比較上也暫不列入比較。當中僅有 00692 歷史較悠久，來到 5 年以上。此外，由於僅看單一類型（ESG 型）ETF 的報酬表現，可能較無法直觀感受報酬數值的高低程度，故此次也加入了發行量加權股價報酬指數（台股大盤含息）以及 0050 一起做觀察。

　　在近 1 年報酬表現中可發現有個共同的現象，就是報酬數值似乎

表5 國泰永續高股息近1年表現最亮眼
——5檔ESG ETF與大盤報酬表現

ETF 名稱（代號）	掛牌時間	含息報酬率（%）		
		近 1 年報酬（%）	近 3 年報酬（%）	近 5 年報酬（%）
國泰永續高股息（00878）	2020.07.20	3.49	N/A	N/A
永豐台灣 ESG（00888）	2021.03.31	2.23	N/A	N/A
元大台灣 ESG 永續（00850）	2019.08.23	1.03	N/A	N/A
富邦公司治理（00692）	2017.05.04	0.28	21.97	15.65
中信關鍵半導體（00891）	2021.05.28	-4.91	N/A	N/A
元大台灣 50（0050）	2003.06.30	-2.57	22.38	14.98
發行量加權股價報酬指數（大盤含息）	N/A	0.70	21.29	14.99

註：1.資料日期至2022.05.31；2.00894、00907成立掛牌至今時間過短（未達1年），故暫不列入比較
資料來源：各大投信、晨星

都沒有太亮眼，多為個位數報酬，且當中還有 2 檔 ETF 是呈現負值。
這原因其實不難理解，因為近 1 年，也就是 2021 年的台股是「超級大多頭」，累計 1 年的時間裡，台股大盤指數漲了 3,486 點，

圖2 2022年台股大盤大幅修正,一度失守萬五
——台股加權指數月線圖

大盤以萬八創新高之姿亮麗封關。不過,在 2022 年上半年台股卻面臨大幅度的修正,光是上半年的累計跌幅,幾乎就快吐回去年大盤上漲的點數(詳見圖 2)。因此在台股修正的情況下,近 1 年的大盤在含息報酬表現上自然也不會太亮眼,而和大盤連動性極高的0050 亦是如此,尤其是成分股中的電子權值股股價走弱(如台股權值王台積電),更是拖累了 0050 近 1 年的表現。

不過長期存股的投資人應該要注意的,其實是「中長期以上」的

報酬表現，通常也就是 3 年、5 年以上甚至更久。而 0050 在過去的近 3 年、近 5 年表現嚴格來說其實頗為亮眼，近 3 年以 22.38% 的年化報酬率小幅贏過同期大盤表現，近 5 年則以 14.98% 和同期大盤相差無幾，差距僅 0.01 個百分點，年化報酬率有 10% 以上的成績可說是相當穩健。

和 0050 持股產業相似度較高的 00692、00850 及 00888，近 1 年的報酬表現都呈現略贏 0050 的情況，而 00878 則是這幾檔標的中，近 1 年在台股修正的行情裡表現較亮眼的 1 檔，加上股價有著相對抗跌、價格親民好入手的特性，更在這波下跌修正的行情中，受不少投資人追捧與青睞。

而當中的單一主題型 ETF——00891，則因電子類股中的半導體族群明顯走弱，近 1 年的報酬表現是跌最深的，報酬率來到 -4.91%。正如先前所提及的情況一樣，過度集中在單一產業的 ETF，其所要面臨的「風險問題」，就會是投資人最需要考量的重點之一。

值得留意的是，ESG ETF 中，歷史較久的 00692，雖近 1 年的報酬表現沒有非常亮眼，但不論是近 3 年還是近 5 年的年化報酬率都跑贏同期大盤表現，近 5 年報酬率數值更來到 15.65%，且同時勝過大盤和 0050 報酬表現，居三者之冠！雖然 00692 這檔 ETF

在知名度、規模和人氣上和 0050 有著不小的差距，但期間能繳出這樣亮眼成績，顯示中長期的報酬穩健度上，並不遜於 0050。

3. 基金規模

表 6 中的基金規模指的是 1 檔基金當前資產價值的大小，而之所以要看基金規模這項指標，原因就在於能夠避開基金因規模過小而遭清算，面臨下市的風險。雖然基金規模愈大，不代表績效報酬會愈好，但規模愈大其實也就代表，該檔 ETF 離被清算下市的距離愈遠、自然也會愈安全。現在，我們來看看目前國內這幾檔股票 ESG ETF，各自的基金規模情況會是如何？

另外，從表 6 中可得知，多數 ESG ETF 距離一般股票型 ETF 的清算下市門檻——1 億元還有一大段距離，甚至可說是非常遠；每檔 ETF 在基金規模的下市門檻上，也可能略有差異。如果想知道各檔 ETF 詳細下市門檻金額，可查閱基金公開說明書，本書中的章節 2-4 也有更多 ETF 下市的相關內容。

截至 2022 年 5 月底，國內 7 檔 ESG ETF 基金規模差異相當大，當中規模最大的 ETF 為國泰永續高股息，2020 年 7 月掛牌至今約 2 年時間，受益人數及規模皆呈顯著成長，以逾 700 億元的數字居 7 檔 ESG ETF 規模之冠；其次為中信關鍵半導體，掛牌至今同樣時

間也不長，僅約 1 年多的時間，目前規模來到 200 億元左右，2 檔掛牌時間相對較長的富邦公司治理和元大台灣 ESG 永續，規模也有百億元級以上的水準。

當中永豐優息存股規模最小、僅有 15 億多元，主要原因在於，這檔 ETF 在掛牌後至基金月報統計截止的時間過短，由於各投信基金月報統計，皆以每月最後 1 日為資料截止日，永豐優息存股這檔 ETF 相當於當月月底剛掛牌，就被納入比較，因此在基金規模上，相較其他 ESG ETF 會小上許多，故在本次基金規模比較的參考性也比較低，未來投資人可以持續觀察這檔 ETF 的規模情況與報酬表現。

4. 配填息表現

「配、填息」情況，通常也會是存股族在意的投資重點，畢竟不少長期存股族的目的，就是為了要領息創造被動金流，因此配息是否穩健、配息後能否每次都能夠順利填息，也是非常值得投資人檢視的項目。

而在這 7 檔台股 ESG ETF 中，由於當中的多數 ETF 掛牌至 2022.06.30 止，皆未滿 3 年，過去表現的參考性稍嫌不足，當中僅富邦公司治理有 5 年以上的歷史，故在配填息表現上，我們以 00692 做說明範例（詳見表 7）。

表6	台股ESG ETF中，國泰永續高股息基金規模最高			

——國內7檔ESG ETF的基金規模情況

ETF 名稱（代號）	掛牌時間	基金規模（億元）	受益人數（人）
國泰永續高股息（00878）	2020.07.20	744.63	563,918
中信關鍵半導體（00891）	2021.05.28	205.09	157,228
富邦公司治理（00692）	2017.05.04	147.27	86,898
元大台灣ESG永續（00850）	2019.08.23	107.94	67,037
永豐台灣ESG（00888）	2021.03.31	69.93	89,335
中信小資高價30（00894）	2021.08.13	30.55	34,735
永豐優息存股（00907）	2022.05.24	15.65	12,036

註：資料日期至 2022.06
資料來源：各大投信基金月報、台灣集中保管結算所、基金公開說明書

　　00692 在配息設計上是半年配息，每年 6 月與 10 月的最後 1 個交易日為基金評價基準日，會在同年 7 月及 11 月進行除息。觀察這 5 年，除了每次都能配發股息，還都在配息後完成填息，填息花費天數也多不超過 100 個交易日，在配、填息表現上，算優等生。

　　雖然 5 年下來的總年均殖利率約為 4.44%，不算特別高，但也不

表7　富邦公司治理2021年配息金額創新高
——富邦公司治理（00692）成立以來的配填息表現

股利發放年度	上／下半年（H1/H2）	當次配息額（元）	當次填息花費天數（天）	年度配息總額（元）	年均現金殖利率（%）
2017	上半年	0.02	1	1.14	5.39
	下半年	1.12	37		
2018	上半年	0.08	1	0.82	3.88
	下半年	0.74	71		
2019	上半年	0.26	2	0.79	3.66
	下半年	0.53	1		
2020	上半年	0.23	1	0.84	3.39
	下半年	0.61	5		
2021	上半年	0.17	37	1.97	5.67
	下半年	1.80	36		

註：股利相關數值為股利發放年度
資料來源：Goodinfo! 台灣股市資訊網

至於特別差，重要的是別忘了一點——高殖利率不代表高報酬。但從表 7 中可看到，00692 近 5 年年化報酬率為 15.65%，表現可一點也不馬虎！

綜觀上述 ESG ETF 的 4 大存股篩選指標，不難發現，並非所有的台股 ESG ETF 都適合做長期存股，像是過度集中在單一產業、配填

息不穩定、報酬表現不佳等特點，相對上可能就沒那麼適合。畢竟在這個投資商品愈趨多元、愈來愈複雜的時代背景下，投資 ETF 已不再只是傻傻買、無腦存的懶人投資，在挑選 ETF 存股標的上，務必還是得好好做一番功課才行。

圖解教學❶ 透過投信官網，查詢ETF持股產業比重

STEP 1

進入ETF所屬投信網站，此處以元大台灣50（0050）為例，則進入元大投信首頁（www.yuantafunds.com）。接著，點選❶「ETF專區」中的❷「Yuanta ETFs」。

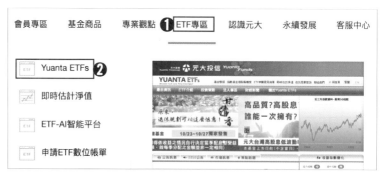

STEP 2

點選❶「產品資訊」、❷「國內ETF」，找到❸對應的ETF標的。

STEP 3 在該檔ETF的頁面中，點選❶「檔案下載」、❷「投資月報」，月報中即有載明持股❸「產業/投資配置」及❹「前10大持股」。

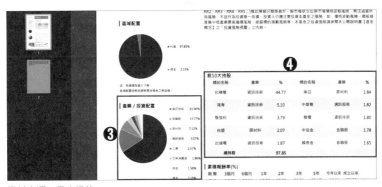

資料來源：元大投信

圖解教學❷ 透過股票資訊網站，查ETF持股產業比重

STEP 1 進入MoneyDJ理財網（www.moneydj.com）後，在右方搜尋欄中點選❶「ETF」、輸入❷欲查詢標的名稱（此處以元大台灣50為例）後，按下❸「搜尋」。

接續
下頁

STEP 2

在搜尋結果頁面中，點選❶對應標的。

代碼	ETF名稱	日期	幣別	市價	折溢價(%)	市價漲跌	市價漲跌幅(%) ↑	成交量
510050	華夏上證50 ETF	2022/08/02	人民幣	2.77	0.00	-0.05	-1.70	5.94M
❶ 0050	元大台灣卓越50基金	2022/08/02	台幣	115.55	-0.26	-2.10	-1.78	18.60M

STEP 3

進入0050頁面後，在上方欄位中點選❶「持股狀況」，下方即出現❷「持股分布」相關資訊。

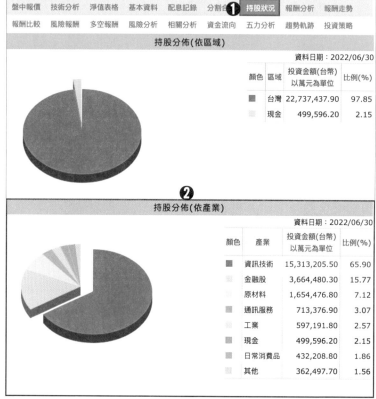

資料來源：MoneyDJ 理財網

避開3投資地雷
降低虧損風險

2-4

　　這些年來，無論是從國內 ETF 市場的整體規模、受益人數或交易量的增長情況，又或是各大投信業者無不積極推行各種新型 ETF 搶市的情況，不難看出現代投資人對 ETF 的關注度與喜好有增無減，投資 ETF 儼然已成當今的投資新顯學之一。

　　同時，ETF 因為持有眾多標的，風險較個股來得分散，再加上 ETF 的績效表現會貼近其追蹤的指數，相對於共同基金及個股在操作性上較為被動，投資人不用無時無刻盯著瞬息萬變的市場，因此 ETF 又被視為「懶人投資」。

　　不過要注意的是，雖然 ETF 擁有不少投資優勢，但並非是「投資萬靈丹」，雖然有些老生常談，但畢竟只要是投資就會存有一定的風險性，尤其是當出現下列情況時，就是椿很明顯的風險警示，叫千萬不能輕忽！

現在，就讓我們來看看，有哪些地雷是投資 ETF 時千萬要留意的警訊：

地雷1》基金規模過小，恐有下市危機

無論你是剛接觸 ETF 的投資小白，還是在股海打滾多年的資深股民，你可能都曾聽過「股票變壁紙」這句話。早期投資人在進行股票交易時，由於當時網路交易尚未普及，買進股票後實際上會拿到一張紙，也就是所謂的「實體股票」。而當一家公司不幸下市時，這張實體股票就會因此完全失去價值，股民過去所投入的金額往往會面臨無法拿回的慘況，因此才有股票變「壁紙」的說法。這背後同時也凸顯了一件事——當投資人買到一檔有下市危機的地雷股時，對投資人的影響和衝擊有多大。

看到這邊你或許可能會有些疑惑：「股票下市，這和我投資 ETF 有什麼關係嗎？」其實嚴格來說，還真的有關！因為不是只有個股會下市，當 ETF 滿足「特定情況」時，也是會面臨下市的。而每種類型的 ETF 下市門檻不同，股票型、債券型與商品型 ETF 各自的下市門檻與規定大致如圖 1。

不過要注意的是，圖 1 中的下市門檻並非「絕對」，也就是說，

股票型ETF下市門檻多為規模1億元以下
——3種類型ETF的下市門檻

股票型／ 債券型ETF	近30個交易日平均規模低於下市門檻 ◎股票型ETF終止門檻：多為1億元 ◎債券型ETF終止門檻：多為2億元
商品型ETF	近30個交易日 ◎平均單位淨值（NVA）累積跌幅較上市時達90% ◎平均規模低於終止門檻：多為5,000萬元

資料來源：證券交易所

　　某檔 ETF 基金規模即便高於證券交易所規定的下市門檻金額，也是有可能會面臨下市命運。舉例來說，2019 年下市的富邦發達、富邦金融、FH 香港，2020 年下市的國泰日本正 2，2022 年下市的元大台商 50 及新光內需收益等，這幾檔已經下市的 ETF 中，元大台商 50 在公告下市前基金規模雖高於 1 億元（1 億 8,900 萬元），卻已達 ETF 公開說明書中的下市門檻──規模低於 2 億元；而新光內需收益的下市門檻則同為多數股票原型 ETF 的 1 億元。由此可知，每檔 ETF 在基金規模下市門檻的金額設定上，是可能會有所不同的。

　　其他較知名的 ETF 下市案例，如在 2020 年 11 月下市的「元大

圖2 ETF公告下市後，往往還有1～1個半月可交易

申請日 （2020.10.05）	→	核准日 （2020.10.07）	2～5個 交易日	公告日 （2020.10.12）
◎達終止信託契約標準 ◎發行人向金管會申請終止信託契約		◎金管會核准終止契約 ◎向證券交易所申請下市 ◎發行人公告MOPS發布重大訊息		◎證券交易所公告同意下市 ◎公告日次一交易日暫停信用交易 ◎發行人公告MOPS發布重大訊息

資料來源：證券交易所、元大投信

S&P 原油正 2」這檔商品型 ETF，當時因為沙俄兩國大打石油價格戰，再加上新冠疫情重創國際原油需求等利空因素，導致基金淨值不斷下挫，終究難逃下市命運；而另一個知名的案例則是 2021 年 6 月 3 日下市的「期富邦 VIX」，當時也是因為淨值過低而遭清算下市。

同時，基金規模大小只是 ETF 終止上市的眾多條件之一，詳細的上市門檻條件，可查閱每檔 ETF 的公開說明書，內文中都會詳細載明，這部分會在圖解教學中帶大家做查詢。不過，萬一真的買到即將清算、下市的 ETF 其實也不用太過慌張。和個股不同的是，即便

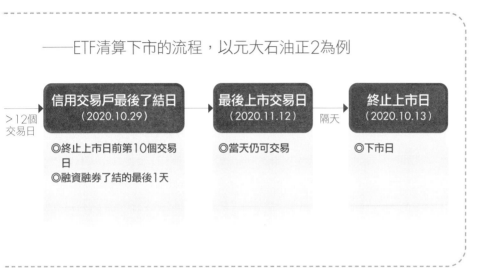

——ETF清算下市的流程，以元大石油正2為例

是 ETF 真的黯然下市了，投資人也不會面臨一毛都拿不到的情況。

為什麼呢？投資單一個股，投資人除了要擔心股價起伏、營運獲利表現、公司競爭力等面向，更需要擔心公司未來是否還會持續「健在」；也就是説，中長期沒有倒閉、歇業的下市（櫃）危機。因為一旦公司下市（櫃），公司清算後的資產得優先償還債務、支付人事費用等開銷，股民多半會落得血本無歸的慘況。

但 ETF 則稍有不同，ETF 從正式公告下市到正式下市這段期間，中間往往還有 1 個月～ 1 個半月能進行交易（詳見圖 2），也就是

若在最後交易日前未賣出ETF，則會參與清算
──清算前賣出vs.參與最終清算

交易選項	交易時間點	交易方式說明
不參與清算（清算前賣出）	最後交易日前	於集中市場交易，投資人可設定交易時間與價格
參與清算	最後交易日後	依基金清算基準日淨值與受益單位，計算應返還投資人之金額

説，還有機會將手中的 ETF 賣出做停損。

　　即便最後可能因為太忙忘記賣，或是因為遲遲等不到合意的賣出價格等原因而持有到最後，ETF 仍會進行資產清算，基金公司會依該檔基金清算基準日之淨值情況與受益單位數，去計算最終應返還投資人的實際金額（詳見表 1）。換句話説，即便持有的 ETF 抱到下市，最後還是有可能從中拿回「一部分」屬於自己的錢。不過正常來説，投資人都不希望出現這種情況，因為當基金下市時，投資人往往會以虧損賠錢收場。

　　在了解基金規模的重要性後，現在就來看看多數投資人最熟悉、

表2 **台股ETF中，目前0050的基金規模最大**
——基金規模前10大的台股ETF

名稱（代號）	基金規模（億元）	受益人數（人）
元大台灣 50（0050）	2,323.70	574,157
元大高股息（0056）	1,221.40	709,244
國泰永續高股息（00878）	785.71	582,567
國泰台灣 5G+（00881）	451.81	377,394
富邦台 50（006208）	292.34	198,927
富邦特選高股息 30（00900）	267.90	197,710
中信關鍵半導體（00891）	166.35	155,744
富邦公司治理（00692）	131.45	88,391
元大臺灣 ESG 永續（00850）	97.91	66,795
元大台灣高息低波（00713）	84.38	29,045

註：規模資料日期至 2022.06.30；受益人數資料日期至 2022.07.22
資料來源：集中保管結算所、各大投信基金月報、證券交易所

目前 30 多檔的國內股票型 ETF 中，基金規模最大的前 10 名會是
誰（詳見表 2）？

　　而表 3 則是規模在 10 億元以下的台股 ETF，共計有 7 檔，且它
們在基金公開說明書中所載明的下市門檻金額，皆同為新台幣 1 億
元；換句話說，這 7 檔 ETF 距離下市門檻最接近，面臨清算下市的

風險也較高。雖然 ETF 規模小，不見得一定會發生下市的情況，但相對其他規模較大的基金來説，清算風險確實是比較高的。

地雷2》報酬不穩健，恐提升投資風險

除了 ETF 規模外，報酬表現絕對是不可忽略的核心重點。要存 ETF，得看長期以來的報酬穩健度；穩健度愈高，自然也能提高在投資上的勝率。

而這邊對穩健度的簡單定義就是「中長期報酬至少要為『正值』，若能長期趨勢向上會更好」，以避開報酬不穩或不佳之標的。至於長期報酬率，時間可以 5 年、10 年或 10 年以上的年化報酬作為觀察基準，畢竟 1 年期的時間太短，容易受到當年度市場的極端多空因素影響，如 2008 年股災，當年度的報酬數值肯定不會太好，或是 2021 年的大牛市，在當時牛氣沖天的時空背景之下，幾乎可用「買什麼，漲什麼」來形容，大多頭格局下也造就了無數的「少年股神」。因此若只以單一年份做觀察，難免會有報酬失真的問題。

而要做到上述提及的報酬穩健，挑對 ETF 的類型標的就很重要。一般來説，相較於股票原型 ETF 來説，槓反型 ETF（正 2、反 1）及商品型 ETF 這幾類投機性較高、風險及波動度也不低，比較不適

表3 **基金規模愈小，清算風險愈高**
——基金規模低於10億元的台股ETF

名稱（代號）	基金規模（億元）	受益人數（人）
元大中型 100（0051）	8.043	5,803
元大 MSCI 台灣（006203）	7.351	888
兆豐藍籌 30（00690）	3.388	2,235
元大富櫃 50（006201）	3.355	1,971
元大電子（0053）	3.140	1,256
富邦摩台（0057）	1.408	245
永豐臺灣加權（006204）	1.264	1,285

註：1. 資料日期為 2022.07.01；2. 表中 7 檔 ETF 下市門檻皆為 1 億元
資料來源：集中保管結算所、各投信基金月報、基金公開説明書

合一般投資人長期持有。而股票（原型）ETF 也是必須經篩選的，原則上，和大盤連動性較高的「市值型 ETF」較適合長期持有（原因詳見 2-1）。

一般來説，標的報酬表現勝過市場平均表現的情況，通常也就是人們口中常説的「超額報酬」，而長期投資市值型 ETF 並不表示報酬一定會勝過大盤，這類型的 ETF 訴求獲取市場合理的報酬。若以過去很長一段時間做檢驗，長期存市值型 ETF，報酬表現和大盤相

差無幾，甚至在市場長期走多的格局下，報酬不輸大盤確實是有可能的。

地雷3》成交量太低，導致流動性不足

一檔 ETF 成交量愈大，其流動性多半也會愈好。流動性太低，投資人在交易時較容易出現想買買不到、想賣賣不掉的困境。不過要注意的是，成交量愈高不代表長期報酬會愈好；相反地，成交量低的報酬表現也不見得會比較差，像是富邦台 50（006208）在每月成交股數上雖然不像元大台灣 50（0050）或是其他熱門的主題型 ETF（如高息型、半導體、電動車、5G 等）來得多，但 006208 在年化報酬數值表現上和 0050 表現差不多，甚至還有略勝一籌的情況（詳見表 4）。

不過，部分台股 ETF 雖然成立時間長，成交量卻不高，很有可能是因為近年來在各投信積極推出新 ETF 之下，過往的一些老牌 ETF 容易被投資人遺忘。再加上，新發行的 ETF 中有納入愈來愈多選股因子（Smart beta）的趨勢，指數選股與運作方式也愈趨複雜，而這類 ETF 在推出後往往也能獲得不少投資人的青睞。比起過往追求市場合理報酬的市值型 ETF 來說，不難看出當今投資人更喜歡透過更多元化的選股因子來追求「超額報酬」這樣的心性轉變。

表4

近年來，006208報酬略勝0050一籌
——元大台灣50 vs. 富邦台50近年的報酬表現

名稱（代號）	近 3 年含息 年化報酬率（%）	近 5 年含息 年化報酬率（%）
元大台灣 50（0050）	22.38	14.98
富邦台 50（006208）	22.60	15.33

註：資料日期至 2022.05.31　　資料來源：晨星

上面列舉了在做 ETF 長期存股時，必須留意與檢視的 3 大常見地雷重點，提供讀者做參考。在 ETF 指數邏輯愈趨複雜、種類愈來愈多元的今天，投資 ETF 前一定得先好好釐清並了解這些 ETF 的特色與差異，避免讓努力投資的心血與成果付之一炬。

圖解教學①　查詢ETF的下市門檻條件

STEP 1

首先，到該檔ETF之發行投信網站。此處以富邦台50（006208）為例，進入富邦投信首頁（www.fubon.com/asset-management）後，點選上方❶「ETF投資網」。

STEP 2

接著，點選❶「富邦ETF產品」。選擇ETF投資區域為❷「亞洲ETF」，並於下方選擇欲選取的ETF標的❸「富邦台50」。

STEP 3

到該檔ETF頁面後，選擇❶「檔案下載」，並點選下方❷「富邦台灣采吉50基金公開説明書」連結下載檔案。

STEP 4

於公開説明書中找到終止上市的細節條件內文。由於基金公開説明書內容頁數眾多，可直接搜尋關鍵字「終止上市」，或是在基金公開説明書的目錄中找尋對應資訊所在之頁數。從富邦台50公開説明書中可看到，❶當ETF淨資產價值近30個營業日平均值低於新台幣1億元時，可能會面臨下市風險。

> 貳壹、證券投資信託契約之終止及本基金受益憑證之終止上市
> 　　一、有下列情事之一者，經金管會核准後，信託契約終止，且本基金受
> 　　　　益憑證終止上市：
> 　　　　(一)指數提供者停止編製或提供標的指數而未提供其他替代指數
> 　　　　　　者；
> 　　　　(二)受益人會議不同意指數提供者提供之替代指數者；
>
> 　　　　(九)受益人會議決議更換經理公司或基金保管機構，而無其他適當
> 　　　　　　之經理公司或基金保管機構承受原經理公司或基金保管機構之
> 　　　　　　權利及義務者；
> ❶　　　(十)本基金成立滿一年後，本基金淨資產價值最近三十個營業日平
> 　　　　　　均值低於新臺幣壹億元時，經理公司應即通知全體受益人、基
> 　　　　　　金保管機構及金管會終止信託契約者；
> 　　　　(十一)經理公司認為因市場狀況、本基金特性、規模或其他法律上
> 　　　　　　或事實上原因致本基金無法繼續經營，以終止信託契約為

資料來源：富邦投信網頁、富邦台50基金公開説明書

135

圖解教學❷ 查詢ETF成交量

STEP 1

進入證券交易所網站首頁（www.twse.com.tw），依序點選❶「產品與服務」、上市證券種類下的❷「ETF」。

STEP 2

點選左欄中的❶「ETF交易資訊」、❷「ETF成交統計」後，選擇你要查詢的時間區間，有日、週、月、年這4種區間統計資料。這邊以❸「月成交資訊」做範例。

STEP 3　於網頁上方選擇欲查詢的時間區間後，按下❶「查詢」，下方即會出現對應資料。同時表格左上可調整❷每頁顯示筆數，表格最上方欄位亦可依自身需求進行升冪或降冪排序。成交量數值為❸「成交股數」，由於單位為「股」，故投資人有需求的話可自行將數值除以1,000，即可換算為1張。

資料來源：證券交易所

137

2-5 3條件篩出ETF資優生 長期持有獲利機率高

　　台灣投資人特別「愛息」，對配息型投資標的情有獨鍾，不論是股票、共同基金還是 ETF 等……，一般來說只要有配息的設計，往往都能得到不少投資人關注和青睞。此外，也因為過去的台股多頭市場已走了超過 10 年的時間，因此不少投資人選擇以「穩定領息」來創造被動金流收入，亦是存股族們的投資目標之一。

　　不過隨著市場中的標的日趨多元，投資人對所選的存股標的標準也愈來愈高，有配息設計只是投資的基本款，不只要能穩定配息，配息額自然是愈高愈好，且每次配息後最好還能在短時間內完成填息，若同時能滿足上述這幾項特色，用「存股天菜」這 4 個字來形容也不為過。

　　但令人好奇的是，盤點目前台灣上市櫃 30 多檔台股原型 ETF（包括市值型、高息型、ESG、單一產業主題型等）真的有符合上述這

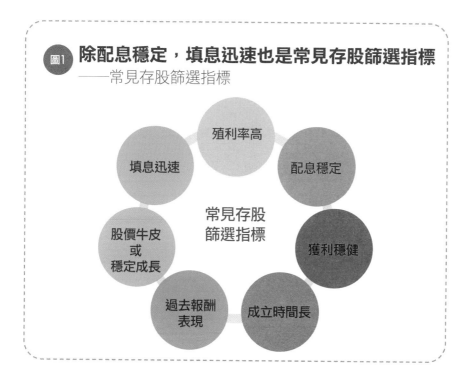

図1 **除配息穩定，填息迅速也是常見存股篩選指標**
　　——常見存股篩選指標

殖利率高

配息穩定

填息迅速

常見存股
篩選指標

獲利穩健

股價牛皮
或
穩定成長

成立時間長

過去報酬
表現

幾項特色的 ETF 嗎？

　　一般來說，在評估某檔個股能否拿來長期存股時，大多數會以現金殖利率、配填息表現、獲利情況、成立時間長短、股價表現等幾種常見的指標來幫助篩選（詳見圖 1），而在挑選想要存的 ETF 標的時，其實也可以利用下列 3 項條件，檢視國內上市櫃股票原型 ETF，來選出存股族心中穩健的投資天菜：

條件1》連續10年配息不間斷

對存股族來說，標的的配息穩定度是其最重視的要件之一。畢竟一檔標的若是「時而配息、時而不配」，對用股息來規畫未來生活的投資人來說，若有一次配不出股息，計畫就會因此被打亂，並非是長期存股投資人所樂見的，故長期「配息穩健」是絕對不能忽視的重要關鍵。

因此在配息穩健這項指標上，採的標準是股息配發10年以上不間斷。要能做到連續配發10年股利，代表這檔ETF成立至今也有至少10年以上的歷史，因此同時包含了「成立時間長短」這項因素。

時間愈長，標的走過市場多空的次數就愈多，表示愈能夠禁得起市場考驗，參考價值也更高，亦能用過去歷史股災期間如2000年的網路泡沫、2008年的金融海嘯等，來了解ETF真實的績效表現情況。

條件2》除息後1年內填息完畢

相信不少投資人一定聽過「領了配息、賠了價差」這句話，會有這種情況，主因就是標的在配息之後沒有完成「填息」所導致。

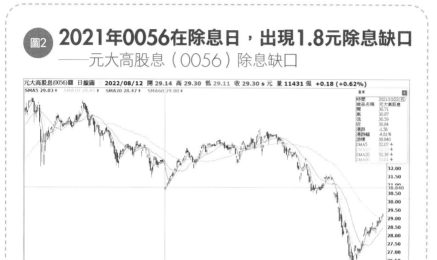

圖2 **2021年0056在除息日,出現1.8元除息缺口**

——元大高股息(0056)除息缺口

元大高股息(0056)█ 日線圖　**2022/08/12 開 29.14 高 29.30 低 29.11 收 29.30 s 元 量 11431 張 +0.18 (+0.62%)**

SMA5 29.03↑　SMA10 28.81↑　SMA20 28.47↑　SMA60 29.00↓

時間	2021/10/22(五)
商品名稱	元大高股息
開	30.71
高	30.87
低	30.59
收	30.84
漲跌	-1.56
漲跌幅	-4.81%
游標	30.840
SMA5	32.07 ↓
SMA20	32.38 ↓
SMA60	33.01 ↓

資料來源:XQ全球贏家

　　以年配的元大高股息(0056)來說,在 2021 年 10 月 22 日時
除息,當年度配發 1.8 元現金股利,除息的前 1 天收盤價為 32.4
元,則除息參考價則為 30.6 元(= 32.4 元- 1.8 元)。換句話說,
這檔 ETF 在除息後股價會扣除配發的 1.8 元,中間的 1.8 元價差就
是「除息缺口」(詳見圖 2)。

　　如果在配息後,元大高股息股價能夠回升到除息前的收盤價 32.4
元、甚至超過先前這個價位,則這樣的情況就稱之為「填息」;若

沒做到填息，股價反倒在除息後遲遲無法回到配息前的水準，這種情況就稱為「貼息」。

因此，只有每年穩定配息還不夠，每次配息後都要能達成填息才行，且填息花費時間是愈短愈好！如此一來，對投資人來說才是真獲利。因此第 2 個指標是檢視 ETF 的填息狀況，而台股 1 年當中約有 240 個交易日，因此在填息花費的時間上，以 1 年內，也就是 240 個交易日內完成填息者，視為填息資優生。畢竟在除息後能順利完成填息，對投資人來說才算是真正有賺到。

條件3》基金規模大

基金規模指的就是市值大小，是以在外流通的單位數（股數）乘以股價計算而來，也因此這個數值並非固定，是會一直變動的。不過你可能會好奇，為什麼需要看基金規模呢？最主要的原因，就是能避開下市風險高的 ETF。以股票型 ETF 來說，基金規模的下市門檻多為新台幣 1 億元，若基金規模低於這個數值，投資前或許就可再多做考量。我們先來看看下面這則小故事：

假設今天身為美食觀光客的你，到一處人生地不熟的城市中旅遊，途中見到 2 家同性質的餐廳，其中一家從遠處就能看到滿滿的排隊

人潮，另一家餐廳卻是門可羅雀、沒什麼人光顧，如果是你，在短時間內、資訊有限的情況下會如何選擇呢？

相信多數人可能都會選擇人多的那一家，原因不外乎是人潮較多的餐廳，可能擁有比較高的名氣或較好的用餐品質，透過多數人「用腳投票」的過程幫助自己篩選；換句話說，也就是踩雷的「風險」相對較低。

在挑選 ETF 上也有幾分相似的情況，雖然基金規模愈大不代表報酬表現會愈好，但卻能直接大大降低這項風險因子──清算下市的危機，也就是說當一檔 ETF 規模過小時，和股票一樣也是會面臨下市的。此外，基金規模大的好處還有以下幾點：

好處①》下市風險較低

依台灣證券交易所現行條文規定，近 30 個營業日平均基金規模低於特定金額時，就會有下市的情況。各類型 ETF 的下市門檻不同，例如股票型 ETF 的下市門檻為新台幣 1 億元，債券型 ETF 為 2 億元，商品型 ETF 則多為 5,000 萬元。不過要注意的是，即便是同樣類型的 ETF，下市門檻也有可能會不同，得依該檔 ETF 的信託契約終止條件而定，在每檔 ETF 的基金公開說明書中也都會詳細載明（詳見 2-4）。

好處②》流動性高

一檔規模愈大的 ETF，「通常」在市場裡的流動性也會愈好。流動性愈高，投資人較不會面臨「想買買不到，想賣賣不掉」的窘境。

好處③》滑價風險小

「滑價」指的是在交易時，因為心中預期的「理想價格」與交易的「實際價格」之間有落差，因而產生的額外投資成本。舉例來説，當你想以每股 100 元買進 1 檔標的時，因為市場熱絡、投資人追捧等因素，已經無法用心中最理想的價位買到，但為了能夠順利交易，只好以更高的價格來買進（如 105 元），這樣的情況就稱為滑價。而當一檔 ETF 規模較大時，造市規模及市場流通性的情況通常也較好，因此出現滑價的風險也會相對來得小。

好處④》成本效益高

投資 ETF 在成本上，除了常見的內扣費用率（如經理費率、管理費率外），其實還有其他費用如雜支、換股的周轉費率、人事成本、指數授權費等。而當基金的規模愈大，對投資人來說的成本效益通常也會愈高。

就以指數授權費來做説明，假如 A 和 B 兩檔 ETF 都追蹤同樣指數，基金規模分別為新台幣 100 億元與 10 億元，每年要付給指數公司

的指數授權費同樣為新台幣 1,000 萬元。

而這 1,000 萬元對 B 這檔 ETF 來說，占資產規模約為 1%，但對 A 這檔規模較大的 ETF 來說，授權費用占資產規模僅約為 0.1%。換句話說，該檔 ETF 能拿來投資的金額比率相對也較高，對投資人也有正面的效益。

不過，雖然基金規模大通常會伴隨著這些優點，但規模愈高不代表報酬表現會愈好，這點投資人可多留意。

3檔台股ETF資優生出列，市值型、高息型皆有

盤點國內所有上市櫃的股票（原型）ETF，同時滿足上述這 3 大條件——「連續 10 年配息不間斷」、「除息後 1 年內填息完畢」與「基金規模大」，一共有 3 檔資優生，分別是元大台灣 50（0050）、元大高股息（0056），以及和 0050 追蹤同樣指數、有孿生兄弟之稱的富邦台 50（006208）。

0050 和 006208 為半年配息的 ETF。在近 10 年的配息表現上，0050 平均配息金額為 2.29 元、填息平均天數約 42 天、年均殖利率 2.91%。006208 近 10 年配息平均為 1.52 元、填息平均天

表1 0056雖然年均殖利率較高，但平均填息天數較長

ETF 類型	名稱（代號）	掛牌時間	追蹤指數	
高息型	元大高股息（0056）	2007.12.26	台灣高股息指數	
市值型	富邦台 50（006208）	2012.07.17	台灣 50 指數	
	元大台灣 50（0050）	2003.06.30		

註：1.0050於2017年度起由年配調整為半年配；2.當年配息次數1次以上者，配息額、填息天數以平均計，無條件進位取至整數值；3.10年期間為2012年～2021年

數約為 28 天，年均殖利率 3.43%。

另一檔 0056 為年配息，亦是當中唯一一檔台股高息型 ETF，近10 年間平均配息為 1.31 元，年均殖利率雖為 3 檔中最高，來到5.04%，但填息天數平均為 76 天，是 3 檔 ETF 裡面天數最長的一檔（詳見表 1）。

市值型 ETF 代表》元大台灣 50、富邦台 50

0050 是目前國內 30 餘檔上市櫃股票原型 ETF 中，成立最早、掛牌時間也最久的元老級 ETF，於 2003 年 6 月掛牌至今也已來到第 19 個年頭！也因為歷史悠久，走過多空循環的次數也相對來得

——3檔台股ETF資優生的配息表現

	配息頻率	10 年配息平均額 （元）	10 年平均填息天數 （天）	10 年年均殖利率 （%）
	年配	1.31	76	5.04
	半年配	2.29	42	2.91
		1.52	28	3.43

資料來源：證券交易所、Goodinfo!台灣股市資訊網

更多、禁得起市場牛熊考驗。

0050 在基金規模上，於 2020 年時突破 1,000 億元關卡，更在 2022 年 4 月初時正式突破 2,000 億元大關，成為國內基金規模最大的股票型 ETF。截至同年 6 月 2 日止，0050 的基金規模再度創下新高紀錄，來到 2,171 億 9,000 萬元，同時受益人數也達到 54 萬 2,258 人（詳見表 2），僅次於 65 萬 2,623 人的元大高股息。

0050 在歷年的配填息表現上也非常穩定。攤開過去 10 個完整年度，也就是 2012 年至 2021 年期間表現做觀察，多數時候填息

2022年0050基金規模突破2000億元
—— 近5年元大台灣50（0050）基金規模與受益人數

年份	基金規模（億元）	受益人數（人）
2017	407.81	49,109
2018	708.09	97,125
2019	662.19	92,442
2020	1,158.95	196,777
2021	1,769.54	358,763
2022.06.02	2,171.90	542,258

資料來源：投信投顧公會、Goodinfo! 台灣股市資訊網、集中保管結算所

花費時間都在 2 位數的交易日內完成，僅有 2015 年度填息天數稍長，來到 168 天（詳見表 3）。

　　值得注意的是，0050 和 006208 這 2 檔 ETF 在收益分配上是屬於「半年配」，它們在 2 次配息上都有個共同的特色，就是一次配多、一次配少。

　　以 0050 來說，在最初的收益分配規定上，一開始採的是「年配息」制，也就是 1 年僅配發 1 次股利；而在 2017 年（股利發放年度）時才轉而改採「半年配」，除息時間多落在 7 月及隔年 1 月這 2 個

表3 **除2015年，0050平均填息天數為76天以下**
——近10年元大台灣50（0050）除填息情況

年度	年度配息總額（元）	當年度平均填息天數（天）	年均殖利率（%）
2012	1.85	27	3.54
2013	1.35	48	2.40
2014	1.55	6	2.43
2015	2.00	168	3.01
2016	0.85	7	1.28
2017	2.40	4	3.05
2018	2.90	72	3.55
2019	3.00	8	3.61
2020	3.60	3	3.71
2021	3.40	76	2.48

註：1. 當年度填息花費天數以平均計、無條件進位取至整數；2.0050自2017年度起由
年配息調整為半年配
資料來源：Goodinfo! 台灣股市資訊網

時間點。以 2021 年為例，2021 年 7 月配息的股利所屬區間為
2021 年上半年，而 2022 年 1 月配息的股利所屬區間才是 2021
年下半年，而下半年通常為台股的除權息旺季，故 ETF 收到的股息
額會相對較多，也造成 2 次的配息額落差通常會非常大。

而 006208 在除息的時程上則不會跨到下一個年度，會在當年度

完成除息，每年 7 月與 11 月進行除息，7 月份除息的股利所屬年度為上半年，11 月當次除息的股利所屬區間則為同年下半年，有參與到多數成分股的除權息行情，故 11 月的配息額會比 7 月那次來得高。

而追蹤同指數的攣生兄弟——006208 也和 0050 有類似的現象，在 2015 年時的填息花費時間明顯較長（詳見表 4），這和它們的 ETF 性質有著極大的關聯性。

0050 和 006208 這兩檔皆為股票「市值型」ETF，其所追蹤的指數表現和台股加權指數（大盤）連動性高，也就是說當大盤表現強勢、格局走多時，市值型 ETF 在股價表現上通常也會跟著上揚，報酬也會跟著提升。而當大盤疲軟走空時，市值型 ETF 整體表現也會跟著走弱，倘若市值型 ETF 在配息當年遇到股價修正、下挫的熊市行情，自然也會影響到填息的速度，這也是 0050 和 006208 這 2 檔 ETF 在 2015 年～ 2016 年、2018 年～ 2019 年時（詳見圖 3），填息花費時間較長的主因之一。

高息型 ETF 代表》元大高股息

觀察另一檔台股 ETF 資優生——元大高股息，它的填息表現也相當穩健，近 10 年的填息天數有愈來愈短的趨勢。2021 年與

006208平均填息天數多在雙位數以下
——近10年富邦台50（006208）除填息情況

年度	年度配息總額（元）	當年度填息平均天數（天）	年均殖利率（％）
2012	1.84	22	6.03
2013	0.63	1	1.97
2014	1.21	1	3.36
2015	0.84	165	2.25
2016	0.04	1	0.11
2017	2.65	22	5.75
2018	2.65	35	5.60
2019	1.80	11	3.83
2020	1.62	1	2.94
2021	1.95	20	2.49

註：當年度填息花費天數以平均計、無條件進位取至整數
資料來源：Goodinfo! 台灣股市資訊網

2019 年的配息額同為近 10 年的高點 1.8 元，但 2021 年只花了 12 天就填息，為近 10 年來最快的填息紀錄。

　進一步觀察可發現，在 2015 年～ 2016 年，2018 年～ 2019 年這 2 段空頭行情裡，0056 的填息天數分別為 84 天和 80 天，比其他多頭時期的年度更快填息，像是 2012 年花了 131 天填息，

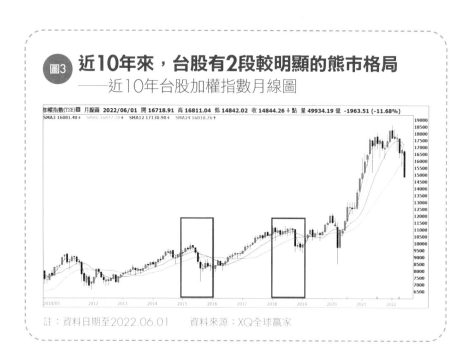

圖3 近10年來，台股有2段較明顯的熊市格局
──近10年台股加權指數月線圖

註：資料日期至2022.06.01　　　資料來源：XQ全球贏家

2013 年花了 116 天、2016 年的 159 天等，都超過 100 天（詳見表 5）。

從中亦能看出，相較於市值型 ETF，高息型 ETF 在填息表現上和大盤多空格局較無直接顯著的對應關係，這和 0056 的指數選股邏輯有關。

0056 在主要的選股邏輯中，是以預測未來 1 年現金殖利率最高

表5	多頭年時，0056反而花較長天數填息		
	——近10年元大高股息（0056）除填息情況		
年度	年度配息總額（元）	當年度填息天數（天）	年均殖利率（%）
2012	1.30	131	5.49
2013	0.85	116	3.61
2014	1.00	31	4.12
2015	1.00	84	4.33
2016	1.30	159	5.67
2017	0.95	61	3.78
2018	1.45	80	5.62
2019	1.80	49	6.70
2020	1.60	28	5.61
2021	1.80	12	5.42

資料來源：Goodinfo! 台灣股市資訊網

的 30 檔為其成分股，因此相較市值型 ETF 來説，高息型 ETF 和大盤的連動性就沒那麼強。

ETF資優生近年報酬亮眼，可持續觀察未來表現

最後，除了配填息穩定、規模大之外，「報酬率」是絕對不能忽

表6 **從近5年報酬率來看，006208表現最佳**
——3檔台股ETF與大盤近年報酬表現

名稱（代號）	掛牌時間	近3年（含息）年化報酬率（%）	近5年（含息）年化報酬率（%）
富邦台50（006208）	2012.07.17	22.60	15.33
元大台灣50（0050）	2003.06.30	22.38	14.98
元大高股息（0056）	2007.12.26	13.00	10.66
發行量加權股價報酬指數	N/A	21.29	14.99

註：資料日期截至 2022.05.31
資料來源：晨星、證券交易所、MoneyDJ

視的條件，畢竟對長期存股的投資人來說，即便某檔 ETF 能做到每年穩定配息、填息，規模也大，但報酬卻是不增反減、甚至是負值，這可就不是單單悲劇兩個字能形容了！

在近年的報酬表現裡，可以發現兩檔市值型 ETF——0050 和006208 在年化報酬表現上都和發行量加權股價報酬指數（大盤含息）相差無幾，當中更以006208 的年化報酬表現位居 3 檔之冠，期間更以些微差距略贏大盤同期表現（詳見表6）。

而當中唯一一檔高息型 ETF 0056，和兩檔市值型 ETF 以及大盤

在報酬表現上存有明顯的差距，最主要的原因還是不出它的指數邏輯。一般來説，高息型 ETF 會買進一籃子擁有高殖利率、配發高息的個股，而這些企業通常會把較多的資金拿來發還給投資人，公司可拿來再投資的資金也較少，未來的盈餘成長動能也會較低，因此在資本利得，也就是在股價上較無成長空間，在長期的多頭牛市下，報酬表現也就會和市值型 ETF 出現落差。

此外，「過去績效不代表未來」這句話雖然有點老生常談，但考量到過去幾年的台股是個超級多頭格局，這些 ETF 未來是否能有一樣亮麗的表現仍值得持續觀察。而它們在過去很長的一段時間裡，歷經多次市場多空循環，至今繳出了亮眼的績優表現，這點是無庸置疑、市場有目共睹的。

擬定進場策略
從容應對實戰

3-1 用2變數試算投資年數
按部就班存千萬

前面第 2 章已經有告訴大家哪些 ETF 適合存，像是市值型 ETF、高息型 ETF 等，接下來，我們就來實際算給大家看，ETF 究竟要存多久，才能夠將資產累積至 1,000 萬元呢？

在開始計算之前，我們必須先決定 2 個變數，第 1 個是「每月要存入多少錢？」第 2 個則是「年化報酬率要設為多少？」

變數1》每月要存入多少錢？

先來看每月要存入多少錢？關於要存多少錢，市面上的說法各不相同，而最簡單的方式，就是用「333 法則」來計算。所謂的「333 法則」就是將月薪的 1/3 花在生活開銷、1/3 用來儲蓄、1/3 用來投資。若以最低基本工資月薪 2 萬 5,250 元來看，1/3 大約就是每個月存 8,000 元。

當然，8,000 元是較低的標準，倘若你生活中用錢的地方不多，例如你是住家裡，不用繳房租，或者是你沒有外食，上班就是自己帶便當，下班就回家開伙等等，也可以多存一點，例如可以每月存 1 萬元、1 萬 2,000 元，甚至 1 萬 5,000 元等。畢竟大家都知道，若你每月投入的金額愈多，財富累積的速度也會愈快。

變數2》年化報酬率要設為多少？

至於年化報酬率要設為多少才適當？這就要看你想存的 ETF，過去的年化報酬率是多少來定（年化報酬率的計算方法，詳見圖解教學❶）。下面我們就以投資台灣為主的市值型 ETF 和高息型 ETF 為例：

1. 市值型 ETF

就投資於台灣的市值型 ETF 來說，大約有 7 檔，分別是元大台灣 50（0050）、富邦摩台（0057）、元大 MSCI 台灣（006203）、永豐臺灣加權（006204）、富邦台 50（006208）、富邦公司治理（00692）和元大臺灣 ESG 永續（00850）。

若從各檔 ETF 掛牌日期計算至 2022 年 5 月 31 日，其年化報酬率（含息，下同）分別是：元大台灣 50 為 9.19%、富邦摩台為 8%、元大 MSCI 台灣為 10.01%、永豐臺灣加權為 11.54%、富邦

表1 **7 檔市值型ETF年化報酬率皆逾5%**

──台股7檔市值型ETF年化報酬率表現

ETF 名稱（代號）	掛牌日期	掛牌以來年化報酬率（%）	
		統計至 2020.02.27	統計至 2022.05.31
元大台灣 50（0050）	2003.06.30	7.65	9.19
富邦摩台（0057）	2008.02.27	5.57	8.00
元大 MSCI 台灣（006203）	2011.05.12	7.11	10.01
永豐臺灣加權（006204）	2011.09.28	8.57	11.54
富邦台 50（006208）	2012.07.17	11.71	13.82
富邦公司治理（00692）	2017.05.17	10.14	15.48
元大臺灣ESG永續（00850）	2019.08.23	N/A	22.83

註：1. N/A 表示無資料；2. 年化報酬率皆含息計算
資料來源：台灣證券交易所、XQ 全球贏家

台 50 為 13.82%、富邦公司治理為 15.48%、元大臺灣 ESG 永續
為 22.83%（詳見表 1）。

不過上述年化報酬率的數值其實是有點偏高的，因為台股在
2020 年 3 月新冠肺炎（COVID-19）疫情發生後，先是股價劇烈
崩跌，之後又快速出現 V 型反轉，走了 2 年的大多頭。而這段期間，
市值型ETF的股價也都大幅攀升，漲幅多在 115% 以上（詳見表 2）。

表2 **市值型ETF在2年內股價漲幅多逾115%**
——台股7檔市值型ETF股價表現

ETF 名稱（代號）	2020.03.19 最低價（元）	2022.01.17 最高價（元）	報酬率（%）
元大台灣 50（0050）	67.25	152.40	127
富邦摩台（0057）	43.96	103.80	136
元大 MSCI 台灣（006203）	31.80	72.35	128
永豐臺灣加權（006204）	42.30	92.65	119
富邦台 50（006208）	38.60	85.70	122
富邦公司治理（00692）	17.35	37.30	115
元大臺灣 ESG 永續（00850）	16.97	36.95	118

註：報酬率採四捨五入計算
資料來源：XQ 全球贏家

　　然而「股價在 2 年內上漲逾 115%」這種情況其實是很罕見的，因此，我們可以將統計時間往前拉至 2020 年 2 月 27 日，也就是計算至疫情發生前，數值會較具有參考意義。

　　調整計算期間之後，7 檔市值型 ETF 的年化報酬率變成：元大台灣 50 為 7.65%、富邦摩台為 5.57%、元大 MSCI 台灣為 7.11%、永豐臺灣加權為 8.57%、富邦台 50 為 11.71%、富邦公司治理為

10.14%。至於元大臺灣 ESG 永續，由於該檔 ETF 是在 2019 年 8 月 23 日掛牌，至 2020 年 2 月 27 日時尚未滿 1 年，故不予計算。

統計出市值型 ETF 的年化報酬率數字之後，接著，還必須排除極端值，也就是剔除最大的 11.71%，和最小的 5.57%，剩下的就是 7.11%、7.65%、8.57%、10.14%。為了方便計算，我們可以將年化報酬率設為 7%、8%、9% 和 10% 來觀察。

確定好每月存入金額（此處分別以 8,000 元、1 萬元、1 萬 2,000 元、1 萬 5,000 元為例）和年化報酬率的設定數值（7%、8%、9%、10%）之後，我們就可以來計算，市值型 ETF 要存多少年，才會存到 1,000 萬元？

從表 3 可以看出，倘若你每月存 1 萬 5,000 元在年化報酬率 10% 的市值型 ETF 上，只需要存 20 年，資產就可以達到 1,000 萬元。但倘若你每月只存 8,000 元在年化報酬率 7% 的市值型 ETF 上，則需要 31 年才能存到 1,000 萬元以上（投資所需時間的試算方法，詳見圖解教學❷）。

2. 高息型 ETF

至於高息型 ETF 的年化報酬率應該要設為多少才比較適當呢？我

每月投資1萬5000元，20年就能存到千萬元
——市值型ETF存到1000萬元所需年數

年化報酬率 （%）	每月存入金額（元）			
	8,000	**1萬**	**1萬2,000**	**1萬5,000**
7%	31年	28年	26年	24年
8%	29年	26年	24年	22年
9%	27年	25年	23年	21年
10%	26年	23年	22年	20年

註：1. 假設投資期間基金無收益分配情形；2. 以月份作為複利的期次；3. 申購手續費以1.0%計算
資料來源：MoneyDJ理財網

們可以利用與市值型ETF同樣的方式，計算出高息型ETF的年化報酬率。

就投資於台灣的高息型ETF來說，大約有8檔，分別是元大高股息（0056）、國泰股利精選30（00701）、元大台灣高息低波（00713）、富邦臺灣優質高息（00730）、FH富時高息低波（00731）、國泰永續高股息（00878）、富邦特選高股息30（00900）和永豐優息存股（00907）。

和市值型ETF的回測時間相同，若從各檔ETF掛牌日期計算至

2020 年 2 月 27 日，其年化報酬率分別是：元大高股息為 5.68%、國泰股利精選 30 為 6.68%、元大台灣高息低波為 6.2%、富邦臺灣優質高息為 -0.81%、FH 富時高息低波為 1.05%。至於國泰永續高股息、富邦特選高股息 30 和永豐優息存股這 3 檔高息型 ETF，因其掛牌時間都在 2020 年 2 月 27 日之後，故此處不予計算（詳見表 4）。

統計出高息型 ETF 的年化報酬率數字之後，接著，還必須排除極端值。一般來說，排除極端值都是將最大值和最小值剔除，但由於高息型 ETF 的檔數本來就比較少，能計算的只有 5 檔，且從表 4 就可看出，其中有 2 檔年化報酬率的數值明顯不符合我們存 ETF 的需求，故較適合的方式是剔除不適合的 -0.81% 和 1.05%，剩下的就是 5.68%、6.2% 和 6.68%。

為了方便計算，我們可以將年化報酬率設為 5%、6% 和 7% 來觀察。同樣可以搭配每月存入 8,000 元、1 萬元、1 萬 2,000 元和 1 萬 5,000 元來計算，看看要存多久才能存到 1,000 萬元？

從表 5 可以看出，倘若你每月存 1 萬 5,000 元在年化報酬率 7% 的高息型 ETF 上，只需要存 24 年，資產就可以達到 1,000 萬元。但倘若你每月只存 8,000 元在年化報酬率 5% 的高息型 ETF 上，則

表4　**剔除極端值後，高息型ETF年化報酬率約6%**
　　　──台股8檔高息型ETF年化報酬率表現

ETF 名稱（代號）	掛牌日期	掛牌以來年化報酬率（%）
元大高股息（0056）	2007.12.26	5.68
國泰股利精選 30（00701）	2017.08.17	6.68
元大台灣高息低波（00713）	2017.09.27	6.20
富邦臺灣優質高息（00730）	2018.02.08	-0.81
FH 富時高息低波（00731）	2018.04.20	1.05
國泰永續高股息（00878）	2020.07.20	N/A
富邦特選高股息 30（00900）	2021.12.22	N/A
永豐優息存股（00907）	2022.05.24	N/A

註：1. N/A 表示無資料；2. 年化報酬率皆含息計算；3. 資料時間至 2020.02.27
資料來源：台灣證券交易所、XQ 全球贏家

需要 37 年才能存到 1,000 萬元以上。

市值型ETF年化報酬率相對較高，較快存到千萬

若比較市值型 ETF 和高息型 ETF，可以發現，由於市值型 ETF 的年化報酬率相對較高，約 7% ～ 10%，因此在每月存入同樣金額的

情況下，市值型 ETF 存到 1,000 萬元所需時間相對較少，約在 20 年～ 31 年之間；而高息型 ETF 由於年化報酬率相對較低，約 5%～ 7%，因此存到 1,000 萬元所需時間相對較長，約在 24 年～ 37 年之間。

在年化報酬率數值上，市值型 ETF 之所以會比高息型 ETF 來得略高的原因，其實和這 2 種 ETF 的特性有關。一般來說，高息型 ETF 會買進一籃子擁有高殖利率、配發高息的個股，而這些企業通常會把較多的資金拿來發還給投資人，因此公司可拿來再投資的資金較少，未來的盈餘成長動能也會較低，故在市場長期走多的牛市格局下，高息型 ETF 在資本利得（股價）上較無成長空間，長期下來的報酬也就出現落差。

但要注意的是，前述的計算結果是在「理想狀態」下，投資人透過存市值型 ETF 或高息型 ETF 資產累積到 1,000 萬元所需花費的時間，但倘若在存 ETF 途中遇到不可預期的黑天鵝事件（指極不可能發生，實際上卻又發生的事件）發生，使股市長期走空的話，投資人存到 1,000 萬元的時間就有可能會被拉長。

此外，在真實的投資過程中，每年的報酬勢必會因當時的市場情況而出現高低起伏，不會像試算情境那般每年資產都能維持正成長

表5 **每月投資1萬5000元，24年就能存到千萬元**
——高息型ETF存到1000萬元所需年數

年化報酬率 （%）	每月存入金額（元）			
	8,000	1萬	1萬2,000	1萬5,000
5%	37年	34年	31年	27年
6%	34年	31年	28年	25年
7%	31年	28年	26年	24年

註：1.假設投資期間基金無收益分配情形；2.以月份作為複利的期次；3.申購手續費以1.0%計算
資料來源：MoneyDJ理財網

或正報酬，也就是說投資期間若只看單一特定年度的報酬數值，可能會出現有些年度報酬較好、有些年度報酬較差的情形，但若將時間拉得更長來觀察，部分標的基本上都能有不錯的年化報酬表現。因此要特別提醒，實際投資會與試算情境有所差異，是需要投資人留意的地方。

同時，即便是市值型和高息型這2類ETF，也不見得每一檔都適合做長期存股，除了參考過去的報酬表現外，了解1檔ETF的指數核心也很重要，尤其是高息型ETF，這類型的每檔ETF在指數選股邏輯、運作方式、換股頻率等方面的差異非常大，雖然名稱都有「高

股息」，但不見得都適合做長期持有，再加上這類型的 ETF 成立時間普遍較市值型 ETF 來得短，當中有不少 ETF 成立至今多不超過 5 年，較無法從過去的歷史多空中觀察，因此未來仍需要更多的時間來做驗證。至於如何挑選市值型及高息型的存股標的，可至 2-1 及 2-2 做複習喔！

圖解教學❶ 用還原股價＋Excel函數計算年化報酬率

由於各檔ETF掛牌時間不一，若想計算成立至今的年化報酬率（含息，下同）時，會較為麻煩，除了要列出初期投入的現金之外，也要列出各檔ETF的配息時間和配息狀況，工程浩大。但其實有個小撇步可快速算出各檔ETF的年化報酬率，那就是運用各檔ETF的「還原股價（指把股票股利和現金股利加回的股價）」以及Excel的「XIRR」函數。方式如下：

首先，找出想查詢的ETF，看看它的還原股價是多少。此處以元大台灣50（0050）為例，利用看盤軟體XQ全球贏家免費版找出❶「掛牌日（2003.06.30）」和❷「統計截止日（2022.05.31）」這2天的還原股價，分別是❸「24.58元」和❹「129.8元」。

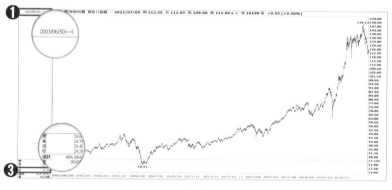

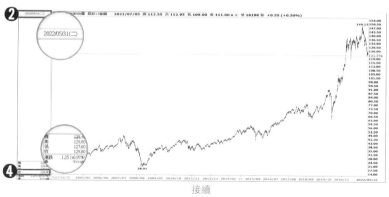

接續
下頁

169

找出還原股價之後，接著打開Excel，依序填入相對應的數字：

在❶「儲存格A3」輸入掛牌日期的時間，即「2003/6/30」。

在❷「儲存格B3」輸入掛牌當天的還原股價，要注意的是，此處是以「現金流」的方式呈現，故期初的數值應為負值，表示「現金流出」，故填入「-24.58」。

在❸「儲存格A4」輸入統計截止日的時間，即「2022/5/31」。

在❹「儲存格B4」輸入統計截止日當天的還原股價，即「129.8」。

將相關數據都填好之後，就可在❺「儲存格B5」選擇❻「插入函數（上方「fx」標誌）」，在新視窗❼「搜尋函數」部分打上「XIRR」，接著點選❽「開始」，然後按❾「確定」。

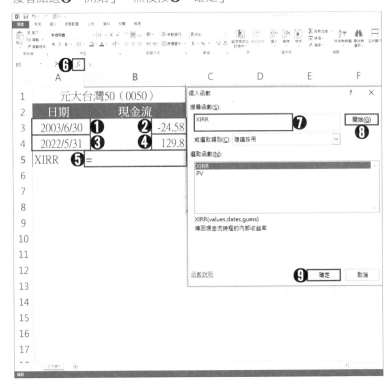

STEP
3
頁面跳轉後，會出現「函數引數」的方框，接著可在❶「Values
（現金流）」處填入「B3:B4」，在❷「Dates（日期）」處填入
「A3:A4」。最下方的Guess是預測值，可留空不填。輸入完畢按下
❸「確定」，之後系統就會自動算出XIRR是❹「9.19%」，這個數據
就是0050從成立以來的年化報酬率喔！

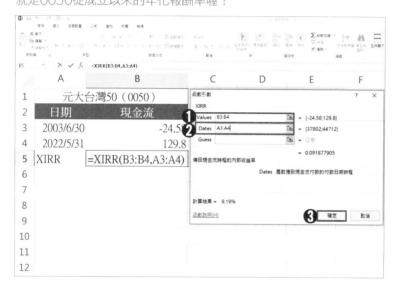

資料來源：XQ全球贏家

圖解教學❷　用免費網站試算投資所需時間

想知道年化報酬率10%的情況下，每月投入1萬5,000元，要花多少時間才能存到1,000萬嗎？其實可以不用辛苦的敲計算機計算，網路上有許多免費資源可以試算定時定額投資期間。此處以MoneyDJ理財網為例：

首先，進入MoneyDJ理財網首頁（www.moneydj.com），點選最上方的❶「基金」。

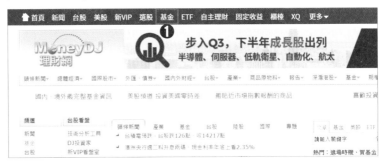

頁面跳轉後，依序點選❶「工具」、❷「基金計算器」、❸「定時定額」。

STEP 3

頁面跳轉之後，可在❶「每月投資金額」輸入「1萬5,000」元，在❷「目標投資年報酬率」輸入「10」%。由於不確定投資期間需要多長，故可先輸入一個數值測試，再看輸出結果是否有達到自己的預期。例如可在❸「投資期間」先輸入「20」年看看，輸入完畢按❹「試算結果」，發現總金額為❺「1,085萬9,801元」，在1,000萬元之上，符合預期。倘若不確定20年是否為最適結果的話，也可以調整投資期間進行測試。

資料來源：MoneyDJ 理財網

3-2 善用定期定額、定期定股
紀律布局提高勝率

　　ETF 可以說是最親民的投資工具，投資門檻低、不花投資人心力選股，就可以跟著市場趨勢一起賺，一次解決多個投資痛點，是任何人都適合的投資工具。讀完前面篇章，你想必對於存 ETF 躍躍欲試，但你想好該怎麼開始存 ETF 了嗎？

　　若能趁 ETF 價格跌到谷底時，一大筆資金梭哈，單筆全壓買進，當然最理想，畢竟買低賣高不就是投資追求的最高境界嗎？可惜理想很豐滿，現實卻很骨感，「擇時」這件事想來美好，卻是投資中最難的一件事，多少投資大師判斷市場都會看走眼，一般人想要買在最低點又談何容易，不小心慘遇高點套牢反而更糟。

定期定額》具備3優點，適合領月薪的上班族

　　判斷不了進場時機點，又想要避免高點套牢的困境，你該學會的

是利用「定期定額」存 ETF。所謂定期定額，是無論市場漲跌，都有紀律地每隔一段固定時間，就提出一筆固定的資金來買 ETF，例如：每月固定投資 5,000 元買 ETF、每季固定花 3 萬元投資。

優點 1》平均成本，避免高點套牢

定期定額是一種簡單、易執行，成功率很高的投資策略，只要執行得好，其實你就已經在存 ETF 的路上成功一大半了。怎麼說呢？因為定期定額這個策略最重要的意義，是它能夠解決投資上一個非常重要的問題，也就是我們前面提及的：買在高點。

大家買東西都怕買貴，投資也一樣，要是大筆資金進場時都買在高點，代表你有很大的機率會因此套牢，要獲利就變得很困難。不過，使用定期定額就可以解決這個困難，因為定期定額不擇時，每次都是固定時間進場投資，這麼一來，雖然有時可能會買在高點，但也會有買在低點的時候，只要持續執行，拉長時間，你就能夠買在一個平均成本的價格。雖然不會是最便宜，但也不會是最貴，避免了高點套牢的問題（詳見圖 1）。

然後，只要投資人能夠持續投資下去，走過景氣循環、市場多空，當 ETF 股價走到俗稱微笑曲線的右端，也就是股價高於平均成本時，投資人就能開始獲利（詳見圖 2）。

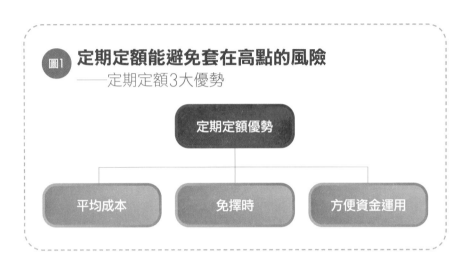

圖1 定期定額能避免套在高點的風險
——定期定額3大優勢

定期定額優勢

平均成本　　免擇時　　方便資金運用

這個策略對於投資一般股票或許不見得適用，但卻非常適合用來存 ETF。因為個股會隨著產業趨勢轉變、自身競爭力下滑，股價愈走愈低，甚至下市，就算等得再久，股價可能永遠走不到微笑曲線該上漲的右端，也就是說，就算使用定期定額，再怎麼拉低成本也沒有用，只是徒讓股價愈攤愈「貧」，依然無法獲利（詳見表1）。台股中許多曾經的股王、股后都是前車之鑑，股價由上千元跌到數十元，遇上這樣的狀況，採用定期定額也挽救不了你的投資報酬率。

但 ETF 是投資一籃子股票，成分股不會都在同一時間出問題倒閉，而且還會定期汰弱留強，只要選對 ETF 就會有均值回歸效果，例如追蹤大盤的 ETF，就算股價因市況波動一時下滑，日後也總會漲回

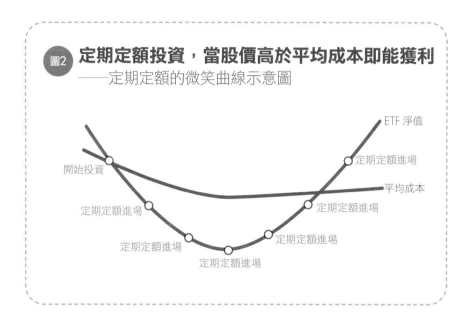

圖2 定期定額投資，當股價高於平均成本即能獲利
——定期定額的微笑曲線示意圖

來，市場回檔時反而是累積部位、降低成本的好機會，這也正是存
ETF 的魅力。

優點 2》免擇時，任何時機都可以進場

　　定期定額的優點不只是能夠平均成本，還免去了投資人挑選進場
時間點的麻煩，這個策略可以讓你不用特別在意市場的景氣位置，
是多空環境下都可使用的策略，因為無論進場時間點是多頭環境或
是空頭環境，只要定期有紀律的執行，無須複雜的投資技巧，就能
達到效果。

優點 3》方便資金運用，有助於上班族紀律投資

另外，這個策略其實也相當符合一般人的資金運用，因為多數人都是領月薪來投資，要一次拿出一大筆錢並不容易，而定期定額策略剛好可以配合每月薪水入帳時使用，幫助上班族投資人有紀律的投資。

可用券商系統設定標的和條件，每月自動扣款

實際上，現在絕大部分的券商都有提供定期定額買 ETF 的服務。投資人可以進入券商系統設定，選擇你想要定期定額的 ETF，以及每月想要買進的日期和交易金額，條件都設定好之後，之後券商系統就會在每月固定時間扣款（詳見圖解教學）。

但要提醒，定期定額的執行跟現股買賣不一樣的是，現股買賣是買進 ETF 或股票 2 天之後才會跟你收錢，但定期定額多半都是在交易日的前 1 天就會先將資金圈存，所以必須要在交易日的前 1 天就先將錢存進去，這樣定期定額交易才會成功，因此建議可以將交易日設定在發薪日後的 1 天～ 2 天（詳見圖 3）。

舉例來說，若你的公司是每個月 5 日發薪水，定期定額的交易日就可以設定在 7 日，這樣薪水入帳之後，券商就會在 6 日先把約定

表1 **個股使用定期定額策略，恐愈攤愈「貧」**
——ETF vs.個股

項目	存ETF	存個股
選股難度	低，跟隨指數配置股票	高，須由投資人自行研究個股
持股數量	多，ETF持有一籃子股票	低，一般投資人難以同時間投資多檔股票
均值回歸效果	有，經歷景氣循環，市場能由低點反彈	不一定有，可能會因為競爭力減弱，一路下跌
定期定額策略	適用	不見得適用，可能會愈攤愈「貧」

交易的金額圈存起來，7日才下單完成交易。

定期定額簡單易上手，但須留意2狀況

定期定額雖然是一個簡單易上手的投資策略，但定期定額並非投資萬靈丹，定期定額也有它的極限：

狀況 1》無法拯救趨勢向下的標的

就像前面所說的，定期定額這個策略一定要用在經歷景氣多空循

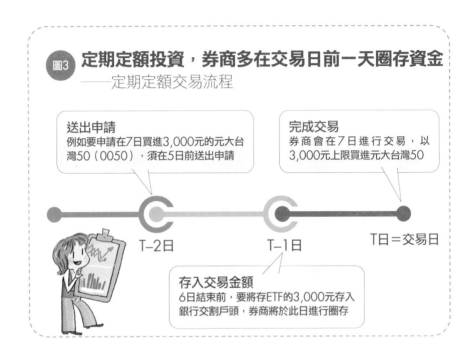

圖3 定期定額投資，券商多在交易日前一天圈存資金
——定期定額交易流程

送出申請
例如要申請在7日買進3,000元的元大台灣50（0050），須在5日前送出申請

完成交易
券商會在7日進行交易，以3,000元上限買進元大台灣50

T−2日　　　　T−1日　　　　T日＝交易日

存入交易金額
6日結束前，要將存ETF的3,000元存入銀行交割戶頭，券商將於此日進行圈存

環後，依然能夠向上的標的，因為唯有如此才具有攤平的意義，未來也才能夠有獲利空間。

但如果1檔ETF的長期走勢向下的話，使用定期定額策略只會愈攤愈「貧」，就算成本不斷下降，若是ETF沒有上漲動能，最終還是會虧損出場（詳見表2）。

當遇上這樣的狀況，你唯一的辦法就是轉換標的，盡快斷捨離，

表2 若ETF持續下跌，使用定期定額策略仍會虧損
——定期定額2大狀況

狀況	解決方式
無法拯救趨勢持續向下的標的	轉換標的
長期執行，攤平效果鈍化	拉高投資定期定額金額，加入股利再投資

不要再停留在同一檔 ETF 掙扎。

狀況 2》長期執行後攤平效果會鈍化

定期定額雖然能夠達到平均成本的效果，但攤平效果在初期較大，如果執行時間太久，累積本金已高，那麼每月再投入的金額對於降低成本的效果將降低。

舉例來說，每月扣款 1 萬元，若投入後的第 2 個月 ETF 價格就下跌，那麼你再投入 1 萬元，由於跟先前 1 個月已投入的成本相當，攤平效果就會很大。

但假設投資 5 年之後，你定期定額投入的本金已經累積達到 60

萬元，此時若 ETF 價格下跌，你還是維持投入 1 萬元，新投入的資金等於只占累積本金的 1/60，攤平成本的效果自然就會下降許多。

要解決這個狀況，最重要的就是你要提高投資的金額，當市場明顯下跌時，才能達到有效拉低平均成本的效果。例如，千萬不要錯過每年的股利收入，若是投資台股市值型、高息型 ETF，因其每年都會在固定時間配發股利，這筆領到的股利就可以用來增加定期定額金額，並做到股利再投資。如此一來，不僅可以解決定期定額長期投資鈍化的狀況，也可以發揮股利再投入的複利效果。

定期定股》申購固定股數，適合資金充裕者

想要有紀律的存 ETF，除了定期定額之外，你也可以考慮另外一種定期策略——定期定股。有別於定期定額是設定固定日期與固定金額，定期定股則是設定固定日期與固定「股數」，無論市場狀況如何、付出多少成本，都買進目標股數，例如每次都買進 100 股或 1 整張 ETF。

這個投資策略適合想要在一定時間內達成存股目標的人，也就是有明確存股計畫的人，例如 2 年內想要有 3 張元大台灣 50（0050），這樣攤分在 2 年的時間內，就需要每個月買進 125 股。

表3 **定期定股的投資金額較不固定**
——定期定額 vs.定期定股

項目	定期定額	定期定股
現金流要求	固定	不固定，適合資金較充沛者
平均成本效果	較高	較低
累積部位效果	難預期，市場走高時，累積股數較少，市場走低時累積股數較多	可預期
適合族群	可投資金額固定者	可投資金額彈性，且有存股計畫目標股數者

採用這個做法，你就能非常有規律的存進 ETF 的股數，不論市場如何波動，都能按部就班達成目標。

不過，與定期定額相比，定期定股實際執行後會有幾點不同：

1. 現金流要求不同：

不同於定期定額每次都投入固定資金，定期定股是追求固定股數，因此投資的金額就會視 ETF 當下的價格而定，如果 ETF 價格走低，投入的資金就低；反之若是 ETF 價格上漲，那麼投資金額就曾跟著增加，金額無規律（詳見表 3）。

因此定期定股適合投資資金較為充裕的投資人運用，才能因應市場價格的波動，如果你每個月只有固定有限的金額，可能會因為 ETF 價格上漲而不夠扣。

2. 平均成本效果不同：

比起定期定額，定期定股對於平均成本的效果較弱。這是因為定期定額會在高檔的時候，少買一點股數；在低檔的時候，多買一點股數，能夠更有效拉低成本。但定期定股是就算 ETF 價格處於高檔，仍會買進固定股數；ETF 價格處於低檔時，也是買進固定的股數，並沒有逢高減碼、逢低加碼的效果，因此執行起來，定期定額的平均成本將會比較低。

3. 累積部位效果不同：

定期定股因為是設定存股數目標後開始執行，因此能預期在一定時間後就可以看到累積的股數成果。

但定期定額則是要看市場狀況來決定累積多少股數，如果是在市場走高的時期，因為 ETF 價格上漲，定期定額買進的股數就會相對較少。因此在市場上漲時期，定期定額累積股數會相對低於定期定股。反之，在市場下跌時期，定期定額因為有逢低加碼的效果，就能夠在下跌段時多累積一些股數，反而會比定期定股累積更多股數，

更早達到存股的效果。

定期定額、定期定股 2 種策略都有其優勢與劣勢，但都有維持紀律投資的優點，該採取哪一種策略沒有絕對答案，投資人應視個人需求而定。

圖解教學　設定定期定額買ETF

現在絕大部分的券商，都有提供ETF定期定額設定的服務。此處以國泰證券系統為例，示範如何設定定期定額買ETF。

STEP 1　登入國泰證券e櫃台App，選擇❶「台股定期定額」。

STEP 2　點選❶「看看投資標的」或是❷「開始投資」。

STEP 3　在❶搜尋欄位輸入想要的投資標的，或點選❷「ETF」看看可能名單。選好ETF標的後，按下❸「申購」，此處以國泰永續高股息（00878）為例。

STEP 4　在❶「申購金額」欄位輸入金額（最低1,000元），再點選❷「每月交易日」選擇日期（每日都可以設定），並按下❸「我要申購」。

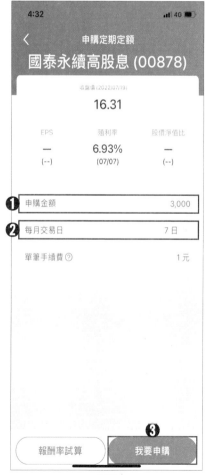

接續
下頁

STEP 5 確認申購內容無誤後，按下❶「確認申購」，申請將於1個交易日後生效。

4:32 · · ·̇ 4G ▮

‹　　　申購定期定額

國泰永續高股息 (00878)

收盤價 (2022/07/19)

16.31

EPS	殖利率	股價淨值比

申購內容

國泰永續高股息 (00878)

申購金額	3,000 元
每月交易日	7 日
單筆手續費	1 元
申購帳號	館前分公司 888A ▮▮▮▮
扣款帳號	國泰世華銀行 (013) ▮▮▮▮

申請核可後，請在指定日的前一日23:59前，將款項存入扣款帳號。

❶

確認申購

定期定額金額設定要考量自己每月可負擔金額，不要任意變動。每月交易日最好設定在發薪後的1日～2日，幫助維持投資紀律

資料來源：國泰證券

因應2狀況出招
放大獲利空間

　　透過前一篇相信各位讀者已經了解定期定額策略的基本原理、優勢，以及執行方式。不過，雖然已經做好了定期定額的投資基本功，但現實環境是由各種狀況組成，並不是一成不變的，例如投資人的資金狀況、市場環境，都可能會遇上各種不同的變化，因此若能在投資市況變化時，以定期定額為基礎，再搭配變形升級招式，就可以提高你的投資勝率，讓投資報酬率再上一階。

　　以下就針對投資人在存 ETF 的投資路上最常遇到的 2 大狀況，以及該怎麼調整投資策略，讓每一筆資金都花在刀口上，讓獲利更亮眼來進行討論：

狀況1》多出來的閒錢，用3招發揮最大效益

　　多數人都是靠每月的薪水來投資，這筆收入固定、彈性不大，所

以採用定期定額方式存 ETF 是最簡易的方式。但除了固定月薪，有時候我們也會多出一筆資金可運用，最常見的就是年終獎金，這時又該怎麼運用，才能發揮最大效益呢？

除了把獎金拿去花掉之外，可能很多人的第一反應就是要把這筆獎金存起來，這不能說錯，但是絕對不划算（詳見圖 1）。要知道，現在銀行的存款利率實在是不高，把錢放在銀行中根本生不了什麼利息，只要通膨稍微升高，就會大口吃掉未來的實質購買力，也就是說，錢只會愈存愈貶值。與其如此，還不如把獎金用來存 ETF，幫自己的資產增值。

但該怎麼存呢？是要一次全部進場，還是繼續維持定期定額策略就好？該如何做，跟你的資金多寡和風險承受度有很大的關係，且應綜合考量當下的市場狀況後再做出決策。故在此提供 3 招，讓投資人靈活變化運用：

招式 1》定期定額進階版

1. 壯大每月定期定額金流

直接將這筆獎金加入你現在正在執行定期定額的 ETF 中，這是最簡單的獎金運用方式，只要調整每次扣款金額即可，甚至連扣款日期都不需要更動。但是要怎麼加呢？最基本的做法是，建議你可以

圖1 **把獎金存銀行，恐愈存愈貶值**
——獎金收入的NG用途

獎金的NG用途

隨意亂花
花錢當下雖然很過癮，但是好不容易領到的獎金就這樣虛擲掉了

存銀行
存款利率低，通膨一來就吃掉未來的實質購買力

將這筆資金除以 12 個月，然後加進你現在每個月定期定額的資金當中。

　　例如，你原先每月定期定額的資金有 5,000 元，如果每年年底都有約 6 萬元的年終獎金可運用，那就可以將 6 萬元除以 12 個月，平均每個月約 5,000 元加進原先定期定額的資金中，等於將投資金額拉高到 1 萬元（詳見圖 2）。等到隔年年底收到年終獎金的時候，也同樣將 6 萬元獎金除以 12 個月，再加入原先定期定額的資金中繼續執行下去，如此便能夠拉高投資金額，又不會增加日常扣款的負擔。

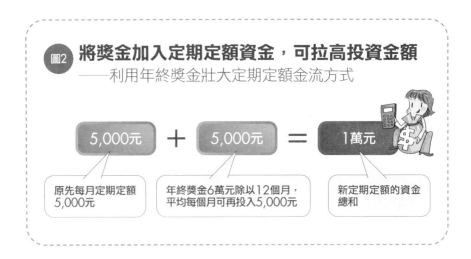

圖2　將獎金加入定期定額資金，可拉高投資金額

——利用年終獎金壯大定期定額金流方式

5,000元　＋　5,000元　＝　1萬元

| 原先每月定期定額5,000元 | 年終獎金6萬元除以12個月，平均每個月可再投入5,000元 | 新定期定額的資金總和 |

2. 額外多存 1 檔 ETF

除此之外，你也可以選擇用年終獎金來多存 1 檔 ETF，補足你投資部位的不足。例如你原先存的是市值型 ETF，但現在想要多增加一些股息收入，或是對新興產業趨勢有興趣，此時就可以利用年終獎金多存 1 檔高息型 ETF 或產業型 ETF。

在實際執行方面，如果年終獎金每年穩定發放，那麼你一樣可以將獎金除以 12 個月，每月投入，等到年底時繼續用年終獎金來存這檔新的 ETF（詳見圖 3）。

但如果你的年終獎金變動大，比較不好預估，為了確保定期定額

圖3 用獎金多買1檔ETF，可增加投資部位
——利用年終獎金多存1檔ETF方式

5,000元 ＋ 5,000元 ＝ 1萬元 ETF

原先每月定期定額5,000元存市值型ETF

年終獎金6萬元除以12個月，平均每個月5,000元存產業型ETF

組成投資市值型＋產業型ETF投資組合

的資金不斷流，建議將年終獎金除以 36 個月（3 年）來分批投入，這樣至少能確保無論年終獎金有多少，3 年內新存的 ETF 定期定額都不至於因此停扣。

　　將額外的獎金利用定期定額方式投資的最大好處之一，就是不用判斷進場時間點（不擇時），無論當下市場是高點或是低點，這套做法都能適用，只要能確保投入的時間不會太短、資金不會斷流即可，而且因為是分批投入，還能分散風險，就算遇到市場的空頭修正，也不會有太大的投資壓力。

　　不過相對地，壞處是資金在場邊閒置時間較久、資金效益較差，

如果市場是處於上升階段，投資人可能會因為等待時間過長，而錯過這一段上漲的多頭行情，降低投資效益。

招式 2》單筆投入

當然，如果你是比較積極、對市場較有判斷力，也願意承擔較高風險的人，你也可以選擇將年終獎金直接單筆投入。

這個做法的好處是，資金不會有在場邊閒置的時間，資金效益較佳，並能馬上加進 ETF 的存股行列，以較快的速度擴大 ETF 的存股部位，每年領到的股利金額會更有感（詳見表 1）。另外，若是選在市場相對低點時進場，還能有效降低投資的平均成本。

但缺點是若市場處於相對高檔的話，就會有「高點套牢」的風險，投資的平均成本也會因此拉高，需要耗費更多資金跟時間才能拉低平均成本。此外，還有個需要留意的地方是，如果投資人在單筆投入後，剛好遇到市場的空頭修正期，在心理上恐怕需要承受比較大的壓力。

招式 3》定期定額搭配小額單筆

如果想要中和上述 2 個招式的優缺點，既擔心大額單筆進場，套牢壓力大，不想承擔過大的風險，但又覺得定期定額效率較差、資

單筆投入風險較高，但資金效益也較佳
——定期定額vs.單筆投入

特點	定期定額	單筆投入
優點	1. 資金分批進場，分散投資風險 2. 不用特別在乎進場時間點（不擇時）	1. 資金不會在場邊閒置、資金效益高 2. 快速擴大存 ETF 部位，增加股利收入 3. 低檔進場降低成本效果明顯
缺點	1. 資金在場邊閒置時間較長、資金效益差 2. 若當時市場正處於上升階段的話，恐會降低投資效益	一旦在市場的相對高點時進場，套牢風險高、投資壓力也較大

金有閒置問題，或許你也可以考慮「定期定額搭配小額單筆」的投資方式。

　　這個做法同樣是採取定期定額的方式，但會縮短進場時間、集中在短時間之內執行完畢，獎金不僅可以達到分批投入的效果，又不至於讓資金閒置場邊太久。假設你原先就有在執行每月定期定額存 ETF 的投資計畫，當獎金 10 萬元入帳時，你規畫在未來 2 個月內，將這筆獎金都用來存 ETF，就可以採取 1 週 1 買，也就是每週固定時間，例如週一，花費 1 萬 2,500 元買 ETF，這樣執行 8 週就完成了。此做法不僅能避免單次大筆投入的壓力，又可以避免年終獎

金在場外閒置過久,讓獎金運用更有效率。

　　當然這也不是定式,還有許多可以調整的模式,投資人可依照個人需求以及執行的便利性調整,例如想要執行時間更早完畢,也可以採取1個月內日日扣,因每個月差不多有22個交易日左右,故每天大約需要新台幣4,000元～5,000元的資金來買進ETF(詳見圖4)。若是對於風險控管比較謹慎一點的投資人,也可以將執行時間再拉長一點,例如2個月、3個月、半年等來進行規畫。

狀況2》當市場轉空,用3招逢低加碼

　　大家都知道同樣的東西,在促銷打折時去買最划算,因為花同樣的錢可以買到更多數量,而且買愈多賺愈多。同樣地,投資如果想要讓獲利豐收,當然就要在市場處於低檔時,進場大買便宜貨,壓低成本才能換取更多的獲利空間。

　　當市場向下修正、進入空頭市場時,若想要提高投資效率,當然就要趁這個時候多存一點ETF。雖然定期定額策略本來就能做到逢低加碼的效果,但也有個劣勢,就是1個月才會買1次,在市場轉空,進入相對低點時,就會買得不夠多,拉低平均成本的效果也就不明顯。

圖4 定期定額搭配小額單筆投資，可採日日扣方式
——將10萬元投入定期定額＋小額單筆投資

10萬元獎金

依日期、天數將金額拆成22筆，每日小額單筆投入，每日投入金額約為4,500元

June　　　　　　　　　　　　　06

Monday	Tuesday	Wednesday	Thursday	Friday	Saturday	Sunday
		1	2	3	4	5
6	7	8	9	10	11	12
13	14	15	16	17	18	19
20	21	22	23	24	25	26
27	28	29	30			

　　因此當市場大跌，若想要提高投資效率，你一定要更加積極地「逢低加碼」。但逢低加碼到底該怎麼加？考量各類投資人危機入市的心臟強度跟資金厚度，我們按照操作難度，提供以下 3 種招式，供你參考：

招式 1》密集加碼扣

　　一般來說，當市場下跌達到 20% 時，就會被視為技術性熊市，而回顧台股近 10 年來較大的修正，在 15% ～ 30% 之間（詳見圖 5）。因此，建議投資人可以此作為參考，當大盤指數回落 15% ～ 20% 時，就可以考慮開始密集加碼扣；更積極一點的投資人，甚至可以

在 10% ～ 15% 時就開始啟動密集加碼扣。

「密集加碼扣」是最容易執行的逢低加碼招式，承擔的風險壓力相對來説也較低。所謂密集加碼扣，就是在市場大跌時，將手中可用的加碼資金分拆成 3 個月～ 4 個月時間，利用定期定額密集加碼。例如先前你的定期定額可能每個月才扣款 1 次，此時就可以增加至 1 週 1 次，甚至 1 週 2 次～ 3 次。

這樣的做法能幫助你在市場大跌時密集買到低成本的 ETF，也因為此時市場已處於低檔，再繼續往下跌的空間已經不大，若是設定執行時間 3 個月～ 4 個月，多半都能掌握住市場的低點波段，後續就算加碼資金已用罄，影響也不會太大。當然，若是投資屬性更保守的投資人，也可以將執行時間拉得更長，將進場金額拆分得更小。

招式 2》單筆加碼

相比密集加碼扣，單筆加碼需要掌握明確的低點，一舉進場，利用單筆達到更好的加碼效果，因此投資人的加碼資金要更充裕，且須更加關注市場動態。而觸動這個招式執行的條件就是：單日大盤下跌幅度達到 2.5%。

根據統計，截至 2022 年 7 月 22 日為止，台股過去 2,500 個

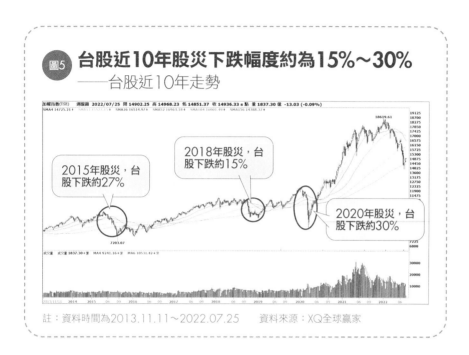

圖5 **台股近10年股災下跌幅度約為15%～30%**
── 台股近10年走勢

> 2015年股災，台股下跌約27%

> 2018年股災，台股下跌約15%

> 2020年股災，台股下跌約30%

註：資料時間為2013.11.11～2022.07.25　　資料來源：XQ全球贏家

交易日中，單日跌幅大於 2.5% 的天數，共有 34 天。也就是說台股平均要將近 74 個交易日才會出現一天大跌超過 2.5%，是相當罕見的，也常常都是出現在市場最低檔的時期，因此若是能夠掌握單日大跌超過 2.5% 時進場加碼，買貴的機會很低，是加碼很好的時機（詳見圖6）。

不過，要提醒的是，實際上出現單日大跌逾 2.5% 的日子極為不均，通常在空頭時比較容易密集出現，多頭時期可能一整年也沒有

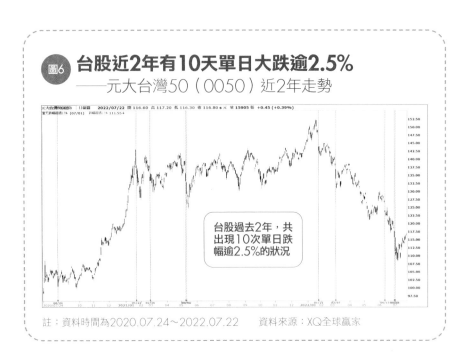

圖6 台股近2年有10天單日大跌逾2.5%
——元大台灣50（0050）近2年走勢

台股過去2年，共
出現10次單日跌
幅逾2.5%的狀況

註：資料時間為2020.07.24～2022.07.22　　資料來源：XQ全球贏家

1天，因此投資人必須主動關注市場。而在空頭時期，由於單日大
跌逾2.5%的狀況可能會較頻繁出現，所以投資人要有較為充足的
銀彈，才能避免加碼加到沒錢。

招式3》定率加碼法

定率加碼法的執行難度是最高的，但只要能執行成功，加碼效果
是最好的，所以獲利也會最漂亮。定率加碼法是由基金教母蕭碧燕
所提出，要求的是當市場（或基金淨值）下跌一定比率後就要加碼，

情況	大盤下跌 20%	第 1 筆加碼的 ETF 報酬率再下跌 5%	第 2 筆加碼的 ETF 報酬率再下跌 5%	第 3 筆加碼的 ETF 報酬率再下跌 5%	第 4 筆加碼的 ETF 報酬率再下跌 5%
加碼次數	第 1 次加碼	第 2 次加碼	第 3 次加碼	第 4 次加碼	第 5 次加碼
加碼金額	3 萬元	4 萬元	5 萬元	6 萬元	7 萬元

表2 **定率加碼法的扣款金額會隨下跌幅度增加**
——定率加碼法範例

且下跌幅度愈大，扣款金額要愈多，此招式同樣可適用於 ETF。

定率加碼法的執行時機點同樣要在市場大跌之後，投資人必須先設定好加碼的規則——「進場時間點」和「下跌幅度」所對應的「加碼金額」。例如，當台股下跌 20% 時，開始進場加碼；當 ETF 股價再下跌 5%，則再加碼 1 萬元。

實際情況可能會是，當台股下跌 20%，你開始啟動定率加碼法，以 3 萬元第 1 次進場加碼；當第 1 筆加碼的 ETF 報酬率再向下跌 5%，這時就要啟動第 2 次加碼，且金額要再多加 1 萬元，變成 4 萬元；

如果市場仍不見止跌，第 2 筆加碼的 ETF 報酬率再向下跌 5%，此時就要啟動第 3 次加碼，金額也要隨之拉高到 5 萬元，以此類推（詳見表 2）。

這個招式的精髓就在於愈跌買愈多，能夠非常有效的降低進場的平均成本，徹底貫徹逢低加碼，在低檔時累積大量部位的精神。但難度在於非常考驗投資人的信心，當市場愈恐慌時，你是否真的能做到愈貪婪？此外，資金也必須要非常雄厚，每次投入都需要比前 1 次更多，若是投資信心不夠強、資金不夠充裕的人，就不適合採用此招式。

避開定期定額NG行為
穩健累積財富

定期定額這個策略簡單易懂，執行起來也不困難，卻不見得人人都能成功獲利，同樣執行定期定額策略存 ETF，有的人能成功獲利累積財富，有的人存了半天績效卻不見起色，甚至失敗出場，問題到底出在哪？本篇將帶著讀者一一審視，執行定期定額策略中可能會犯的錯，避開這些 NG 行為，你才能夠在存 ETF 的路上暢行無阻。

NG行為1》選錯ETF長抱，難以累積資產

如同 2-1 提到的，ETF 種類繁多，但並非所有 ETF 都適合用來存，必須要是能夠持續累積資產、淨值長期向上的 ETF 才最為適合。那什麼樣的 ETF 符合這些條件呢？

若是以投資類型區分，最符合以上條件的就是市值型 ETF，這類 ETF 追蹤整體市場指數，只要追蹤的股市趨勢持續向上，ETF 就能跟

著獲利，累積資產財富的效果最佳（詳見表1）。

除此之外，高息型 ETF 也是許多投資人偏愛的存 ETF 標的，因為這類 ETF 能夠帶來豐沛的現金流，存高息型股票 ETF 就像自己養了一頭金牛，能夠不斷產出現金。不過，這類 ETF 因追求殖利率，成分股成長動能相對比市值型 ETF 弱一點，因此累積資產也會較弱，但卻很適合有現金流需求的投資人。另外，也有許多人會同時存市值型 ETF 和高息型 ETF，兼顧成長和現金流收益。

至於產業型 ETF，則適合能夠判斷產業趨勢的投資人存。這是因為這類 ETF 集中持有單一產業，產業趨勢看好時，淨值可以衝天；但當產業趨勢轉向，也有可能跌深不見底，波動巨大，需要耗費較多心力關注。若是對產業趨勢不熟悉的投資人，長期投資效果不見得好，跟隨產業趨勢波段操作，適時停利才是更有利的做法。

另外，投資人也要注意 ETF 的投資區域，一般來說 ETF 的投資範圍愈廣，波動風險愈低，也較具有長期向上的效果，通常成熟市場較符合條件，例如追蹤台股、美股市場，甚至是全球市場的 ETF，皆屬於此類。而新興國家由於政經情勢、資本市場發展還不夠成熟，市場波動大，股市不見得能夠長期向上，因此較適合的投資方式是波段操作。

表1

定期定額投資市值型ETF的累積報酬率最佳

——市值型vs.高息型vs.產業型ETF定期定額報酬表現

ETF 類型	ETF 名稱 （代號）	定期定額 成本 （元）	累積資產 （元）	獲利金額 （元）	累積 總報酬率 （%）
市值型	元大台灣 50 （0050）	60 萬	78 萬 3,434	18 萬 3,434	30.57
高息型	元大高股息 （0056）	60 萬	65 萬 9,298	5 萬 9,298	9.88
產業型	群益 NBI 生技 （00678）	60 萬	61 萬 3,521	1 萬 3,521	2.25

註：1. 以每月最後 1 個交易日定期定額 1 萬元投資，且股利收入後立即再投入試算最終報
酬率；2. 資料時間為 2017.07.18 ～ 2022.07.15
資料來源：晨星

　　所以如果想要長期存 ETF，穩穩累積資產，優先建議存追蹤美股、台股市場的市值型 ETF。但若你已經存 ETF 一段時間，績效卻始終不見起色，也沒有現金流效益，務必重新檢視你選擇的標的，如果投資標的不合適的話，就要盡早轉換，不要在錯誤的地方繼續留戀。

NG行為2》投資時間不夠長，無法降低成本

　　可能有很多人會問，投資的 ETF 沒問題，也有好好執行定期定額，

那為什麼報酬卻是負的，是不是定期定額這個策略有 Bug（漏洞）？我是不是該盡早認賠出場？

不！其實這不見得是定期定額的問題，而是你還沒有讓「時間」發揮效果！因為定期定額是靠長期投資達到平均成本的效果，等待上漲時機獲利，但不少投資人可能才執行定期定額扣款沒多久，一看到帳上發生虧損，就覺得投資失敗了，認為定期定額沒有成效而想要放棄、出場。若是這麼做，你很有可能會錯過開始獲利的時機。

例如投資人要是在 2018 年開始定期定額，可能在 2018 年～2019 年都會覺得績效沒有起色，甚至在 2020 年 3 月面臨短暫的股災時，就會想直接停損出場。但這樣做等於放棄在市場最便宜時投資，錯過拉低成本的機會，因為股災後緊接著的往往會是個 V 型反轉的多頭格局，近年最顯著的例子之一，就是 2020 年下半年和 2021 年全年，期間走的就是一個牛氣沖天的大多頭（詳見圖 1）。

所以定期定額成功的絕對要件，就是要記得維持紀律扣款，一般來說至少要做好資金扣足 3 年以上的心理準備。因為通常一個景氣循環週期大約是 3 年～ 5 年，至少要 3 年才能經歷一個較為完整的景氣循環，在此期間會扣到高點，也會扣到低點，特別是下跌段時，要持續扣款，才能發揮平均成本效果，等待市場回春。

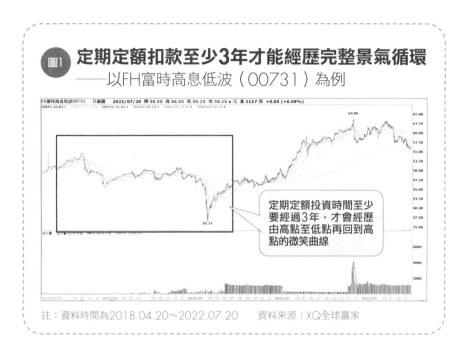

因此如果你是才剛開始啟用定期定額存ETF的投資新手，請你務必要有耐心，繼續續扣，能夠堅持扣款，獲利成功的機率才會高。就像登山一樣，過程中不會總是一路向上，必定有崎嶇的地方，不能才走幾步就放棄，必須要鍛鍊自己走到最後，才能真的達成目標。

NG行為3》未維持紀律，易中斷投資計畫

維持投資紀律，是執行定期定額策略最基本的要求，無論是執行

時間跟金額，都應該要有完整的規畫，設定自己做得到的標準，能夠長期執行下去才是這個策略的核心重點，否則三天打魚、兩天曬網，想到才投資，就完全無法發揮定期定額策略的優點。而投資紀律不佳的問題，不外乎是執行時間或是扣款金額的問題，以下我們將分別探討，並提供大家一些具體建議。

1. 執行時間不固定

人總有惰性跟恐懼時刻，若只是依靠自己每月手動下單扣款，很容易受到種種因素干擾而無法確實執行，例如工作太忙碌、市場波動等。幸好現在多數券商都有提供定期定額自動化工具，可以在系統中設定各種執行條件，讓系統代替你執行，因此建議大家一定要善用券商提供的自動化工具，幫助自己打敗人性弱點（詳見圖2）。

2. 扣款金額不足

券商系統可以解決定期定額時間紀律的問題，但扣款金額方面，就需要投資人自己面對了，最常見的狀況是：扣款金額不足。

主要原因出在很多人在運用資金時，將「投資」放在最後順位，領到薪水之後，先買東西、吃美食、去旅遊，最後才想到投資，但這時能夠用來定期定額的錢可能已經不夠了，自然無法順利執行定期定額。

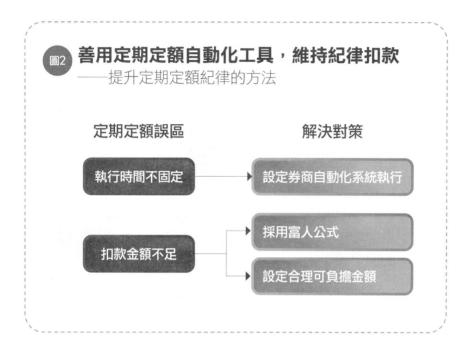

圖2 **善用定期定額自動化工具，維持紀律扣款**
── 提升定期定額紀律的方法

定期定額誤區　　　　　　解決對策

執行時間不固定　──→　設定券商自動化系統執行

扣款金額不足　──→　採用富人公式

　　　　　　　　──→　設定合理可負擔金額

要改善這樣的狀況，你一定要調整資金的使用順序，將投資放在優先順位，牢記「收入－投資（儲蓄）＝支出」，薪水扣掉投資金額之後，才是可以花用的錢，也就是所謂的「富人公式」。轉換到實際層面來運用，也就是我們在 3-2 提過的，交易日可以設定在發薪日的 1 天～ 2 天後，避免亂花錢而中斷投資紀律。

至於每個月到底應該設定多少金額來扣款，並沒有標準答案。要看你的理財目標而定，但原則是要量力而為，且投資的資金來源要

穩定，例如來自儲蓄或是薪資，而非是一次性收入、兼差薪水、獎金之類的，這樣才能盡量避免扣款金額不足的窘況發生。例如，有些人可能一開始投資志向遠大，月薪收入 4 萬元，卻每月定期定額 3 萬元，這樣的設定要長期執行的可能性就會比較低，一旦有其他用錢需求，恐會面臨調降扣款金額，無法維持「定額」的情形，如此一來將會影響均攤成本的效果。

NG行為4》 大跌時停扣，恐錯過逢低買進機會

「停扣」是定期定額策略中的大忌，許多投資人會在面臨市場轉空或波動時，因為害怕或是判斷市場可能還會持續下跌，想要等待市場落底時再進場，而決定停扣，但這往往就是造成投資績效不彰的原因。

因為定期定額策略本來就是一種不判斷進場時點的策略，當 ETF 處於下跌段時，一旦停扣，等於是錯過低點加碼的機會，無法持續降低成本。或許很多人會想著，等市場觸底時再重新進場，就可以買在最低價，拉低成本效果豈不是更好？如果能在市場谷底大筆買進，當然是最好，但是會採用定期定額策略的人，通常就是不擅長判斷市場高低點者，否則應該就會自己操作，而不須使用定期定額的方式了。

實務上，當 ETF 價格跌至谷底時，市場氣氛往往極為悲觀，多數投資人也會感到恐慌，面對投資就會更保守；已經停扣、缺乏投資紀律的人，更不敢在此時大筆進場，總想著低點後還有更低點，然後就眼看著低點過去，直到市場重新恢復動能，錯過市場下跌段的買點，反而買在上漲時的高成本，完全本末倒置。持續紀律扣款和中斷扣款相比，兩者的績效及累積資產的差別將會非常巨大。

以下我們就以最知名的台股 ETF 之一——元大台灣 50（0050）為例，觀察 2008 年金融海嘯發生期間（從 2007 年年初到 2009 年年底），若以「不停扣（續扣）」、「先停扣後，待市場連 3 個月反彈再續扣」2 種方式進行回測，在績效表現上會有什麼差異（詳見圖 3）。

從表 2 中我們可以看出在時間和標的（同為 0050）皆相同的情況下，在股災發生期間也不停扣的報酬表現，與股災期間曾中斷停扣的報酬相比，兩者有著天壤之別。若是不停扣的話，報酬可以累積到 12.47%；但若停扣的話，報酬反而是虧損 0.37%。此外，兩者的本利和更是相差逾 20 萬元。

因此，在面對市場下跌的時候，最重要的就是針對適合長期持有的標的維持不停扣，交給券商系統繼續執行定期定額策略、持續累

圖3 在股災時自行停扣，恐錯過市場下跌段的買點
——以元大台灣50（0050）為例

註：資料時間為2007.01.01～2009.12.31　　資料來源：XQ全球贏家

積資產。

　　當然，如果先前已經累積了一筆不小的 ETF 部位，且擔心自己在面對市場下跌時，心理上會因資產大幅縮水而飽受壓力、睡不著又吃不下，那麼或許可先試試看「停利不停扣」的方法，也就是當投資報酬率達到自己設定的停利點時，可以先賣出一部分的 ETF 變現，落袋為安；另一方面則維持紀律扣款，尤其是在股市下跌段也要持續扣款。這樣一來，除了能夠持續參與市場外，即便留在市場中的

股災期間不停扣的報酬表現較佳
──股災期間續扣vs.不續扣報酬表現

情境 1：股災期間不停扣					
累積扣款次數	投入本金（元）	累積股數	平均每股成本（元）	本利和（元）	投資報酬率（%）
36	36 萬	7,173	50.19	40 萬 4,892	12.47
情境 2：股災期間停扣至市場連 3 個月反彈之後再續扣					
累積扣款次數	投入本金（元）	累積股數	平均每股成本（元）	本利和（元）	投資報酬率（%）
20	20 萬	3,530	56.66	19 萬 9,261	-0.37

註：1. 採定期定額扣款方式，每月月底扣款 1 萬元；2. 股災停扣期間為 2008 年 1
月～ 2009 年 4 月，2009 年 5 月恢復扣款；3. 以 2009 年 12 月 31 日收盤市價
56.45 元計算本利和；4. 資料時間為 2007.01.01 ～ 2009.12.31；5. 為簡便計算，
未將股利收入納入計算
資料來源：XQ 全球贏家

資金出現虧損情況，也不會因為部位太大、帳上虧損數值過高，而
讓自己有龐大的心理壓力。

　　要留意的是，上述這種「停利不停扣」的做法，雖然在熊市大跌
時可以讓投資人感到些許安心，並能讓投資人更習慣去面對市場的
波動，但停利並非必要的策略，因為若以長期持有、存股的情況來
說，過於頻繁地進行停利的動作，反而會影響資產累積的效果。

建立資產配置
完善投資計畫

4-1 布局市值型＋高息型ETF 兼顧報酬與配息

前面第 3 章教大家如何定期定額存單一 1 檔 ETF，例如存市值型 ETF 或存高息型 ETF 等，但實務上，投資人除了單存特定 1 檔 ETF 以外，其實也能透過混搭方式來建構屬於自己的 ETF 投資組合，最常見的，就是用市值型 ETF 搭配高息型 ETF。

大家也許會好奇，為什麼有人會想用市值型 ETF 混搭高息型 ETF？那是因為雖然市值型 ETF 股價會跟著大盤走，所以長期投資下來能夠擁有較為穩定的報酬率，但投資市值型 ETF 可以領到的現金股利（即股息），卻低於高息型 ETF。

因此，為了在穩定報酬下能夠多領一點現金股利，有些人會將市值型 ETF 混搭高股型 ETF。

「蛤？你在說什麼啊？若是以市值型 ETF——元大台灣 50

圖1 0050每股配發的現金股利大多高於0056
——2檔ETF現金股利變化

單位：元

註：1.統計時間為2009年～2021年；2.圖中年度為股利發放年度；3.元大台
灣50自2017年開始每年配發2次現金股利，此處是將2次現金股利合併計
算；4.元大高股息2010年未配發現金股利
資料來源：Goodinfo!台灣股市資訊網

（0050）和高息型 ETF——元大高股息（0056）的歷史數據來
看，2021 年 0050 全年配了 3.4 元，0056 只配了 1.8 元，明明
0050 每股配發的現金股利比 0056 還多（註 1，詳見圖 1）啊！
為什麼你說 0050 的配息比 0056 少？」

註 1：元大台灣 50（0050）自 2003 年（股利發放時間）開始配息，且 2017 年度開始調整為每年配
息 2 次，此處以合併現金股利計算；而元大高股息（0056）則是自 2009 年開始配息。為了方便
比對，故截取 2009 年～ 2021 年的時間做比較。

股價高低將影響可領到的現金股利總額

沒錯，若是單看絕對數值的話，0050 每股配發的現金股利確實比 0056 還多，不過我們在投資時，必須考慮的是現金股利和股價之間的關係，也就是「現金股利殖利率（簡稱現金殖利率）」。什麼是現金殖利率？現金殖利率是用來衡量領取現金股利的報酬率，其公式如下：

現金殖利率＝現金股利 ÷ 股價 ×100%

為什麼要看現金殖利率？這是因為 ETF 的股價高低，會影響到你最後能夠領取到的現金股利總額。怎麼說呢？舉個例子說明你就懂。

根據 Goodinfo! 台灣股市資訊網的資料可知，0050 在 2021 年的年均價格為 137 元，每股配發現金股利 3.4 元；0056 在 2021 年的年均價格為 33.2 元，每股配發現金股利 1.8 元。假若我們在 2021 年分別投資 10 萬元在 0050 和 0056 上面，則 0050 最後可以領取到的現金股利為 2,478 元，而 0056 最後可以領取到的現金股利則為 5,421 元（詳見表 1）。

為什麼會有這樣的差異呢？那是因為雖然 0050 每股配發的現金

表1 **同樣投入10萬元，0056可領股利較0050多**
——2檔ETF現金股利試算

名稱 （代號）	年均價 （元）	可購買股數 （股）	每股配發 現金股利（元）	可領到的 現金股利（元）
元大台灣 50 （0050）	137.0	729	3.4	2,478
元大高股息 （0056）	33.2	3,012	1.8	5,421

註：1. 假設分別投入資金 10 萬元在元大台灣 50 和元大高股息上面；2. 年均價和現金股
　　利（股利發放年度）以 2021 年的資料為準；3. 採無條件捨去法計算
資料來源：Goodinfo! 台灣股市資訊網

股利比較多，有 3.4 元，可因為 0050 的股價比 0056 還要高出許多，所以在同樣投入 10 萬元資金的情況下，0050 可以買到的股數會比 0056 來得少，連帶使得 0050 最後可以領取到的現金股利也比 0056 還少。

由於單看每股現金股利的表現，會忽略股價帶來的影響，因此，在比較 2 檔 ETF 的股利發放情況時，會習慣以現金殖利率為準。若將 0050 和 0056 代入前述現金殖利率公式可以算出：2021年 0050 的現金殖利率只有 2.48%；而 0056 的現金殖利率則有5.42%，是前者的 2 倍多。

前面是單一年度的比較資料，有可能失準，倘若我們將時間拉長，會變得如何呢？若從 2009 年統計至 2021 年可以發現，0050 現金殖利率介於 1.28%～4.02%、0056 現金殖利率則介於 3.61%～10.3%。且從圖 2 可以看出，0056 除了 2010 年未配息，故當年現金殖利率為 0% 之外，其他年度的現金殖利率可都是在 0050 之上呢！

也就是說，在投入相同資金的情況下，投資 0056 能領到的現金股利，會比投資 0050 還多。因此，對於那些在希望擁有穩定獲利的同時，配息也能增加的投資人來說，若將市值型 ETF 和高息型 ETF 搭配在一起，就能得到他們想要的結果。

用「100法則」依年齡調整配置比重

至於 0050 和 0056 要分配多少比重呢？一般來說，年紀愈大時，愈需要穩定的現金流，因此只需要把握「年紀愈小，可配置較多比重在 0050 上；年紀愈大，可配置較多比重在 0056 上」這個原則即可。

最簡單的做法，就是利用「100 法則」，隨年齡增長來調整投資布局。方式如下：我們可以把「100 －實際年齡」的數值，視為投

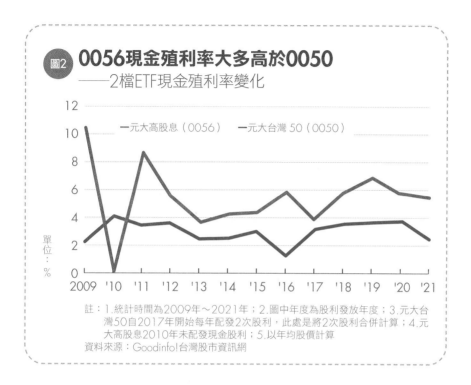

圖2 **0056現金殖利率大多高於0050**
——2檔ETF現金殖利率變化

註：1.統計時間為2009年～2021年；2.圖中年度為股利發放年度；3.元大台灣50自2017年開始每年配發2次股利，此處是將2次股利合併計算；4.元大高股息2010年未配發現金股利；5.以年均股價計算
資料來源：Goodinfo!台灣股市資訊網

資 0050 所需的比率，而「實際年齡」的數值，則視為投資 0056 所需的比率。

例如當你 20 歲時，可以投資 80%（＝（100 － 20）×100%）的資金在 0050 上、20% 的資金在 0056 上；當你 30 歲時，可以投資 70%（＝（100 － 30）×100%）的資金在 0050 上、30% 的資金在 0056 上⋯⋯，依此類推。

8萬元0050＋2萬元0056，13年可領逾40萬元

年度	80% 投入元大台灣 50（0050）		
	年均價（元）	每股配發現金股利（元）	每年可領現金股利（元）
2009	45.30	1.00	1,766
2010	54.70	2.20	7,101
2011	56.60	1.95	9,049
2012	52.30	1.85	11,414
2013	56.20	1.35	10,250
2014	63.70	1.55	13,714
2015	66.30	2.00	20,108
2016	66.30	0.85	9,571
2017	78.80	2.40	29,460
2018	81.80	2.90	38,430
2019	83.00	3.00	42,645
2020	96.90	3.60	54,144
2021	137.00	3.40	53,118
總計	0050 每年可領現金股利總計（元）		300,770

註：1.統計時間為2009年～2021年；2.表中年度為股利發放年度；3.假設每年投入總資金為10萬元，其中80%（即8萬元）拿去買元大台灣50、20%（即2萬元）拿去買元大

　　我們同樣以 0050 和 0056 為例，進行試算。倘若你自 2009 年起，每年投入 10 萬元，其中 80% 的資金（10 萬元 ×80% ＝ 8 萬元）拿來買 0050、20% 的資金（10 萬元 ×20% ＝ 2 萬元）

──2檔ETF投資組合現金股利試算

	20% 投入元大高股息（0056）		
年均價（元）	每股配發現金股利（元）	每年可領現金股利（元）
19.50	2.00	2,050
24.10	0.00	0
25.80	2.20	5,783
23.70	1.30	4,513
23.50	0.85	3,674
24.30	1.00	5,146
23.10	1.00	6,011
22.90	1.30	8,949
25.20	0.95	7,293
25.80	1.45	12,255
26.90	1.80	16,551
28.50	1.60	15,833
33.20	1.80	18,896
0056 每年可領現金股利總計（元）		106,954
全部可領現金股利總計（元）		407,724

高股息，且現金股利未再投入、股數累積計算；4.採無條件捨去法計算　　資料來源：Goodinfo!台灣股市資訊網

拿來買 0056，在現金股利未再投入、股數累積計算的情況下，累積到 2021 年，總計 13 年可領的現金股利總金額會是 40 萬 7,724 元（詳見表 2）。

高息型ETF比重愈高，投資組合總報酬率愈低

利用同樣的方式，我們可以設算在不同情況下，0050 + 0056 的投資組合，每年可領的現金股利金額是多少。而從表 3 中可以發現，0056 的投資權重愈高，可以領到的現金股利總額就會愈多。

接著就會有人問啦！「如果是這樣的話，為什麼不全部存 0056 就好了？可以拿到最多現金股利。」那是因為如果你將資金全部都拿去存 0056 的話，報酬率會比同時存 0050 和 0056 來得差。想要證明這一點，可以利用試算來確認。

先來看 0050 和 0056 的年化報酬率分別是多少，我們可以利用 3-1 圖解教學❶的 XIRR 算法算出，2009 年～ 2021 年 0050 的年化報酬率是 15%、0056 的年化報酬率是 13%。

倘若將 90% 資金投入 0050、10% 資金投入 0056，則該投資組合的年化報酬率會變成 14.8%（＝ 90%×15% ＋ 10%×13%）。依此類推，80% 資金投入 0050、20% 資金投入 0056 的投資組合年化報酬率為 14.6%（＝ 80%×15% ＋ 20%×13%）；70% 資金投入 0050、30% 資金投入 0056 的投資組合年化報酬率為 14.4%（＝ 70%×15% ＋ 30%×13%）……。

表3 **0056投資權重愈高，現金股利總額愈多**
——2檔ETF投資權重與現金股利、報酬率變化

元大台灣50（0050）投資權重（％）	元大高股息（0056）投資權重（％）	現金股利總額（元）	投資組合總報酬率（％）
100	0	376,016	15.0
90	10	391,804	14.8
80	20	407,724	14.6
70	30	423,594	14.4
60	40	439,510	14.2
50	50	455,436	14.0
40	60	471,309	13.8
30	70	487,217	13.6
20	80	503,092	13.4
10	90	518,981	13.2
0	100	535,044	13.0

註：1. 統計時間為2009年～2021年；2. 以每年總投入金額10萬元計算，且現金股利未再投入、股數累積計算；3. 計算時所採用之各年度股利和年均價格以Goodinfo!台灣股市資訊網公布資訊為準；4. 投資組合總報酬率＝元大台灣50投資權重 × 元大台灣50年化報酬率（15％）＋元大高股息投資權重 × 元大高股息年化報酬率（13％）

　　從表3可以看到，隨著0056的投資權重愈高，投資組合的總報酬率會隨之下降。也因此，若你既希望有穩定報酬率，又希望能多領一點股息的話，最好的方式，就是用市值型ETF搭配高息型ETF一起存。

市值型ETF總管理費大多低於高息型ETF
——7檔市值型ETF與6檔高息型ETF總管理費

類型	名稱（代號）	總管理費（％）
市值型 ETF	富邦台 50（006208）	0.35
	富邦公司治理（00692）	0.35
	元大 MSCI 台灣（006203）	0.45
	元大台灣 50（0050）	0.46
	元大臺灣 ESG 永續（00850）	0.46
	富邦摩台（0057）	0.74
	永豐臺灣加權（006204）	1.17
高息型 ETF	國泰永續高股息（00878）	0.57
	元大高股息（0056）	0.74
	國泰股利精選 30（00701）	0.75
	元大台灣高息低波（00713）	1.11
	富邦台灣優質高息（00730）	1.32
	FH 富時高息低波（00731）	2.60

註：1. 資料日期為 2022.07.14；2. 富邦特選高股息 30（00900）、永豐優息存股（00907）因成立時間較短，故未列入表中；3. 部分 ETF 總管理費會隨 ETF 規模而更動，請依該檔 ETF 的官網資料為準
資料來源：MoneyDJ 理財網

不過，由於 2009 年～ 2021 年這段期間，台股是走大多頭，且 2020 年 3 月以後，台股「V 型反轉」更是大幅提升 ETF 的股價，所以用這段期間估算，0050 和 0056 的年化報酬率看起來都很屬

害。可是股市不可能永遠都是多頭，勢必會有回檔的時候，倘若不幸遇到股市走空，那麼 0050 和 0056 的年化報酬率勢必會被拉低。所以投資人實際在估算時，最好是用保守一點的年化報酬率（例如 0050 的年化報酬率可以用 8%、0056 的年化報酬率可以用 6%）下去估算會較為準確。

　　此外，要注意的是，前面投資組合的計算，都只有考慮股價和每年配發的現金股利，不過實際在執行時，還會有 ETF 管理費、手續費、稅費等問題。因此，投資人在實際操作時，必須先仔細研究想要存的市值型 ETF 和高息型 ETF，它們的 ETF 規模（規模太小恐下市）、總管理費用（總管理費用太高會影響 ETF 的報酬率，詳見表 4）、手續費和配息情況（多久配息一次、是否有填息）等。

　　唯有了解各檔 ETF 的基礎訊息之後，才能搭建出最適合自己的投資組合。

4-2 配置市值型＋美長債ETF 降低投資風險

ETF 的投資組合，除了 4-1 提到的「市值型 ETF＋高息型 ETF」之外，「市值型 ETF＋美國長天期公債 ETF（註 1）」也是常見的搭配組合。

以相關係數為負值的標的建構投資組合

為什麼會將市值型 ETF 和美國長天期公債 ETF 搭配在一起呢？這是因為市值型 ETF 和美國長天期公債 ETF 的股價走勢，常常是相反的，也就是大多數時間，當市值型 ETF 的股價走勢上升時，美國長天期公債 ETF 的股價走勢會下跌。

我們可以用市值型 ETF ——元大台灣 50（0050），以及美國長天期公債 ETF ——元大美債 20 年（00679B）過去的股價走勢為例。從圖 1 中可以看出，在多數情況下，當 0050 的股價（圖 1 藍

圖1 0050和00679B股價幾乎呈反向走勢
——2檔ETF月線圖

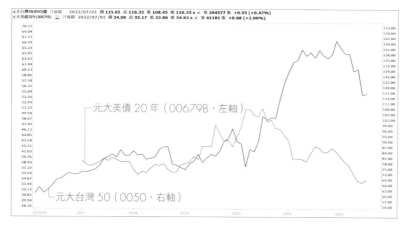

註：1.統計時間為2016.01.04~2022.07.01；2.元大美債20年於2017.01.17上櫃
資料來源：XQ全球贏家

線）往上走時，00679B（圖1紅線）的股價會往下走；反之，當
0050的股價往下走時，00679B的股價則會往上。

0050和00679B多數時間的股價走勢相反代表什麼呢？很簡
單，「股價走勢相反」代表當其中一方的股價下跌時，另一方的股

註1：美國長天期公債ETF指投資美國20年期以上公債的ETF。

價會是上漲的，倘若我們透過同時持有兩者來構建投資組合，就能靠股價上漲的一方，來抵銷另一方股價下跌的壓力，進而降低投資風險。

2020 年 1 月 2 日～ 2020 年 3 月 19 日》
0050 股價下跌、00679B 股價上漲

舉例來看，假設我們將資金 100% 投資在 0050，則 2020 年 1 月 2 日至 2020 年 3 月 19 日（台股因新冠肺炎（COVID-19）疫情影響而大跌）這段期間，0050 的股價（註 2）從 97.65 元來到 68.55 元，報酬率 -29.8%。若同一時間，我們將資金 100% 投資在 00679B，則其股價從 42.01 元來到 45 元，報酬率有 7.12%。

上面是單獨投資 0050 或 00679B 的結果，但倘若我們將它們搭配在一起，效果會如何呢？我們可以透過 90% 資金投入 0050、10% 資金投入 00679B，或者 80% 資金投入 0050、20% 資金投入 00679B 等不同比率進行試算。從表 1 中可以看出，隨著 0050 的投資權重減少，整體投資組合的報酬率也會隨之提升。

2020 年 3 月 19 日～ 2022 年 1 月 18 日》
0050 股價上漲、00679B 股價下跌

也許有人會想問，「既然 100% 投資 00679B 的報酬率最

表1 **00679B上漲時，投資權重愈高、報酬愈佳**
——2檔ETF 2020年投資權重與報酬率變化

元大台灣 50（0050） 投資權重（%）	元大美債 20 年（00679B） 投資權重（%）	投資組合總報酬率 （%）
100	0	-29.80
90	10	-26.11
80	20	-22.42
70	30	-18.72
60	40	-15.03
50	50	-11.34
40	60	-7.65
30	70	-3.96
20	80	-0.26
10	90	3.43
0	100	7.12

註：報酬率（不含息）統計時間為 2020.01.02 ～ 2020.03.19

好，為什麼不全部買 00679B 就好，幹嘛還要搭配 0050 一起買？」No！No！No！話不是這樣說的。你之所以會認為單買 00679B 比同時購買 0050 和 00679B 好，是因為上述的統計期間，剛好是選在 0050 股價下跌，而 00679B 股價上漲時。但倘

註 2：為方便計算，此處皆以當日收盤價為準。

若你是選在 0050 股價上漲，而 00679B 股價下跌時，則會有完全不同的結論。

同樣以 0050 和 00679B 為例，若從 2020 年 3 月 19 日持有至 2022 年 1 月 18 日，台股「V 型反轉」後股價快速上漲的這段期間來看，100% 持有 0050 的報酬率為 119.26%、100% 持有 00679B 的報酬率則為 -11.78%。若將兩者用不同比率進行搭配，則從表 2 中可以看出，這次變成 0050 的投資權重愈高，投資組合報酬率就會愈高。

「蛤？你到底在說什麼？搞得我好亂啊！」別緊張！前面的內容只是為了說明在不同統計期間，100% 持有 0050 或 00679B，以及同時持有不同比率的 0050 和 00679B 之間的差異。而你只需要記得，由於 0050 和 00679B 的股價走勢在多數時間都是相反的，當一方股價下跌時，另一方股價通常是上漲的，因此，若同時持有兩者，就能靠一方上漲的力道抵銷另一方下跌的力道，進而降低投資組合的風險。

看到這也許有人會反駁，「那我在股市上漲時，100% 持有 0050；股市下跌時，100% 持有 00679B，績效不是更好嗎？」沒錯，若你真能預測股市之後會是上漲或下跌，那你這樣做，投資

表2 **0050上漲時，投資權重愈高、報酬愈佳**
──2檔ETF 2020～2022年投資權重與報酬率變化

元大台灣50（0050） 投資權重（%）	元大美債20年（00679B） 投資權重（%）	投資組合總報酬率 （%）
100	0	119.26
90	10	106.16
80	20	93.05
70	30	79.95
60	40	66.84
50	50	53.74
40	60	40.64
30	70	27.53
20	80	14.43
10	90	1.32
0	100	-11.78

註：報酬率（不含息）統計時間為 2020.03.19～2022.01.18

績效當然會很好，可問題就在於，沒有人能夠知道未來會發生什麼事，因此，比較折衷的做法，就是同時持有 0050 和 00679B 來降低風險。

　　當然，前面是用 0050 和 00679B 作為市值型 ETF 和美國長天期公債 ETF 的代表，那是不是能用其他市值型 ETF 和美國長天期公

台股市值型ETF和美國長天期公債ETF皆為負相關

相關係數	元大台灣 50 （0050）	富邦摩台 （0057）	元大 MSCI 台灣 （006203）
元大美債 20 年（00679B）	-0.19	-0.17	-0.18
國泰 20 年美債（00687B）	-0.22	-0.20	-0.22
富邦美債 20 年（00696B）	-0.23	-0.21	-0.22
群益 25 年美債（00764B）	-0.23	-0.21	-0.22
FH20 年美債（00768B）	-0.23	-0.22	-0.22
凱基美債 25 ＋（00779B）	-0.22	-0.21	-0.22
中信美國公債 20 年（00795B）	-0.20	-0.18	-0.19
永豐 20 年美公債（00857B）	-0.20	-0.18	-0.19

註：元大臺灣 ESG 永續統計時間為 2019.08 ～ 2022.05、永豐 20 年美公債統計時間為

債 ETF 做搭配呢？當然可以，但想要彼此搭配，必須確認兩者之間的股價走勢是相反的，也就是兩者的相關係數為負相關，才能降低投資風險。

什麼是相關係數？相關係數是衡量 2 個隨機變數之間線性相關程度的指標，當相關係數的絕對值愈大時，表示變數之間的相關程度愈高。一般來說，相關係數的數值會介於 -1 ～ 1 之間，當數值介於 0 ～ 1 時屬於「正相關」，此時 2 個隨機變數彼此呈同向變化，數

──台股市值型ETF和美國長天期公債ETF相關係數

永豐臺灣加權 （006204）	富邦台 50 （006208）	富邦公司治理 （00692）	元大臺灣 ESG 永續（00850）
-0.18	-0.21	-0.20	-0.19
-0.21	-0.24	-0.23	-0.22
-0.22	-0.25	-0.24	-0.23
-0.22	-0.25	-0.24	-0.23
-0.22	-0.25	-0.24	-0.23
-0.22	-0.24	-0.23	-0.23
-0.19	-0.22	-0.21	-0.20
-0.20	-0.22	-0.22	-0.22

2019.10 ～ 2022.05、其他統計時間皆為 2019.06 ～ 2022.05

值會一同增加或減少；當數值介於 -1 ～ 0 時屬於「負相關」，此時
2 個隨機變數彼此呈反向變化，一者數值增加（減少）時，另一者
則減少（增加）。

我們從表 3 可以看出，近 3 年，任 1 檔市值型 ETF 搭配任 1 檔
美國長天期公債 ETF，其相關係數皆為負相關，顯見這幾種投資組
合的搭配，在多數情況下，都能有效降低風險。不過要注意的是，
由於這些投資組合之間並非完全負相關（即相關係數不是 -1），因

此股價走勢有時候會出現齊漲齊跌的情況，此乃正常現象，無須太過擔心。

用2方法分配股債投資權重

方法1》100法則（以年齡為參考值）

至於市值型 ETF 和美國長天期公債 ETF 應該要如何配置呢？我們同樣可以用 4-1 提到的「100 法則」來配置，其中「100 －實際年齡」的比率視為投資市值型 ETF 所需的比率，而「實際年齡」的比率則視為投資美國長天期公債 ETF 所需的比率。

例如當你 20 歲時，可以投資 80% 的資金在市值型 ETF，20% 的資金在美國長天期公債 ETF；當你 30 歲時，可以投資 70% 的資金在市值型 ETF，30% 的資金在美國長天期公債 ETF……，依此類推（詳見表4）。

方法2》投資屬性（分為4種）

或者，你也可以參考投信公司的做法，依不同的投資屬性來做股債配置。若你是積極型的投資人，可以將 80% 放在市值型 ETF、20% 放在美國長天期公債 ETF；若你是成長型的投資人，可以將 60% 放在市值型 ETF、40% 放在美國長天期公債 ETF；若你是穩健

表4 **年齡愈大，美國長天期公債ETF投資權重愈高**
──以100法則配置投資組合

實際年齡 （歲）	市值型 ETF 投資權重（％）	美國長天期公債 ETF 投資權重（％）
20	80	20
30	70	30
40	60	40
50	50	50
60	40	60
70	30	70
80	20	80
90	10	90

型的投資人，可以將 40% 放在市值型 ETF、60% 放在美國長天期
公債 ETF；若你是保守型的投資人，可以將 30% 放在市值型 ETF、
70% 放在美國長天期公債 ETF（詳見表 5）。

當然，前述的股債配置比率只是建議，投資人仍須依照實際情況
而進行調整。但基本上，只需要把握「年紀愈大的人，投資美國長
天期公債 ETF 的比重愈高」、「愈保守的人，投資美國長天期公債
ETF 的比重愈高」2 大原則即可，剩下的，就是看當時的市場環境，
以及實際的資金情況來微調。

透過「再平衡」維持理想資產配置

股債配置好之後，是否就能安心放著不管呢？當然不是，因為隨著時間的推移，原本的股債配置可能會隨當時市場情況而有所變動，例如你原先是配置 80% 在 0050、20% 配置在 00679B，可受到 0050 股價大幅成長影響，它在投資組合的比率可能會從原先的 80% 上升至 85%、而 00679B 則由原先的 20% 降為 15%。

咦？0050 的股價上漲不好嗎？大家可別誤會，這裡可不是說 0050 的股價上漲不好，而是你該思索，當初做資產配置的目的是什麼？不就是為了降低風險嗎？

如果因為 0050 股價上漲，而使資產組合的投資比率偏離當初設定的目標，這不就代表現在這個投資組合，並未達到我們當初的預期嗎？

因此，我們應該要定時檢視投資組合，並藉由「賣出上漲的資產，買入下跌的資產（即「再平衡」）」來維持理想的資產配置。但因為買賣時會產生交易手續費，所以再平衡的時間可以不用太頻繁，約莫半年到 1 年檢查一次就好，或者你也可以設定，當投資組合比率偏離原本設定 5% 時，再利用再平衡調整投資比重，以維持適合

表5 **保守型投資人可建立「股30%＋債70%」組合**
——依4種投資屬性配置股債比重

投資屬性	市值型 ETF 投資權重（%）	美國長天期公債 ETF 投資權重（%）
積極型	80	20
成長型	60	40
穩健型	40	60
保守型	30	70

的資產配置。

　　此外，也不用執著於一定要將投資組合調整到和原先比率一模一樣，因為在考慮手續費和稅費的情況下，會變得非常複雜，因此，只要維持和原先差不多的比率就好。

4-3 存ETF＋勞退＋勞保 打造穩健退休金組合

　　「用 ETF 存千萬」最終目的是什麼？在人生旅途中，除了要實現吃喝玩樂的願望外，每個人都要面對退休的問題。但是，退休所需的現金流並不是只能靠著自己存 ETF 來達成，在規畫的時候，可以從 3 方面著手，也就是被稱為「退休金 3 大支柱」的社會保險（勞保）、職業退休金（勞退）及個人理財儲蓄（詳見圖 1）。

　　將這 3 大支柱共同考量，或許會發現，自己累積的資產比預期多更多，可以提升投資理財的安心感，也對未來可以有更多的計畫。

　　所謂的社會保險，是政府提供的退休年金，一般人常見是指「勞工保險（簡稱勞保）」；而職業退休金，則是雇主為員工所提撥的各式退休金，一般人是指「勞工退休金（簡稱勞退）」；另一塊為個人理財儲蓄，在看這本書的你，或許指的是 ETF 累積的資產。依重要度而言，個人理財儲蓄是退休時最重要的現金流來源，其次為

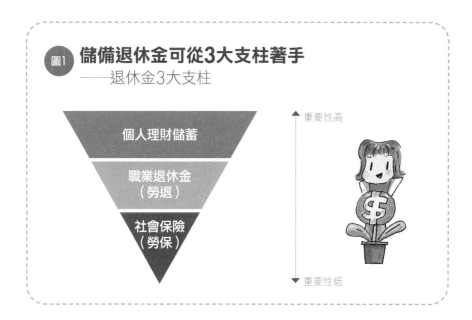

圖1 **儲備退休金可從3大支柱著手**
—— 退休金3大支柱

個人理財儲蓄

職業退休金
（勞退）

社會保險
（勞保）

重要性高

重要性低

勞退、最後才是勞保。

　　想要用ETF加上勞保、勞退，打造退休後每個月10萬元的現金流，有機會做到嗎？答案是，可以！如果你從30歲開始，每個月固定存5,000元買ETF，一直到65歲退休，加上勞保、勞退，就有機會月領10萬元，而且這筆退休金還花不完（詳見表1）！

　　以下，我們將分別針對退休金3大支柱的試算與其注意事項進行說明。

表1 **存ETF加上勞退、勞保，退休後可月領10萬元**
——退休後每月現金流試算

◎試算情境：假設從30歲開始，每個月定期定額5,000元買ETF，一直到65歲退休不再投入資金，試算加上勞保、勞退後之每個月現金流

退休金 3 大支柱	金額（元）
ETF 投資提領（個人理財儲蓄）	6 萬 3,821
勞退年金（職業退休金）	1 萬 6,824
勞保年金（社會保險）	2 萬 4,847
每月現金流合計	10 萬 5,492

註：1.ETF 以年化報酬率 8% 計算；2. 勞退部分，以 30 歲薪水 3 萬 1,000 元，固定每年加薪 1.5%，勞退帳戶投資年化報酬率 5%，共累積 35 年試算；3. 勞保部分，以同樣上述的薪水條件來看，投保年資 35 年，並在 65 歲起請領老年年金給付

支柱1》個人理財儲蓄：善用複利效果放大資產

資產累積有 3 大關鍵要素：時間、金額、報酬率。前文試算案例為 30 歲開始，每個月定期定額 5,000 元買 ETF，持續 35 年，到 65 歲時不再投入，而是轉而利用這筆累積的資產來產生現金流。

案例是以年化報酬率 8% 來看，為何會以 8% 來計算呢？ 3-1 中提到，追蹤台股大盤的市值型 ETF，若各自統計掛牌至 2020 年 3

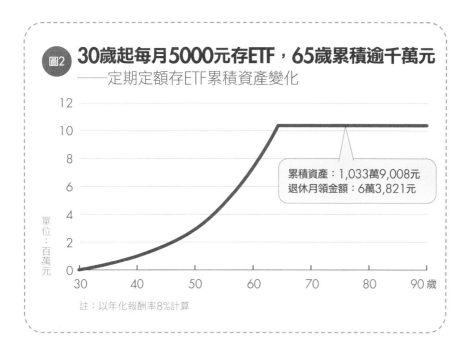

圖2 **30歲起每月5000元存ETF，65歲累積逾千萬元**
──定期定額存ETF累積資產變化

單位：百萬元

累積資產：1,033萬9,008元
退休月領金額：6萬3,821元

註：以年化報酬率8%計算

月新冠肺炎（COVID-19）疫情爆發前，年化報酬率介於 5.57% 至 11.71% 之間，所以取中間值約 8% 來計算。

若 30 歲開始投入，前面幾年資產累積的速度不會太快，要一直到 41 歲，才會看到累積的資產首度突破百萬元，但是在本金愈來愈大的狀況下，46 歲將有第 2 桶金、50 歲有第 3 桶金……，一直到滿 65 歲，這筆資產將累積高達 1,033 萬 9,008 元（詳見圖2）。這就是複利的效果，因為本利和變大，在同樣的報酬率下，自然有

更高的獲利絕對金額，所以前期的投入，絕對要有紀律、有耐心。

接著，滿65歲之後，因為沒有工作收入，所以不再投入新的資金，轉而開始利用年輕時存下的這筆資產來養活自己，但是為了避免長壽風險，最好的情況就是在不減損本金的狀況下，提領相對應的生活費用。

雖然不再投入，但假設仍將這筆千萬元的資產繼續放在 ETF 中，且每年仍有 8% 的報酬率，這樣的話，只要每年提領金額不超過 76 萬 5,852 元，換算下來每個月不超過 6 萬 3,821 元，就可以長久不影響本金，不管活到幾歲，都不用擔心千萬元資產會消耗殆盡。

支柱2》勞退：由政府代操，享有最低保證收益

勞退部分，制度的設計是由雇主每個月提撥至少薪資的 6% 至勞工退休金專戶中，這邊的「薪資」是指勞工的全薪，並不是底薪或扣除勞健保自付額後的實領薪資，然後對照「勞工退休金月提繳分級表」中的級距金額計算。

提撥至退休金專戶的資金，將由政府統一運用、投資，而且有保證收益率的好處。每年政府會將代操的損益計入個人的勞退專戶，

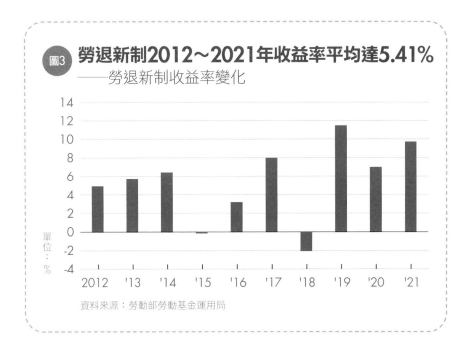

圖3 勞退新制2012～2021年收益率平均達5.41%
——勞退新制收益率變化

單位：%

資料來源：勞動部勞動基金運用局

於勞工請領退休金時將整筆資產進行結算，如果收益低於2年期定期存款利率，將會由國庫補足，以2年期定期存款利率結算給勞工。

　　觀察勞退新制近10年（2012年～2021年）的收益率，雖然每個年度有正、有負，但平均達5.41%（詳見圖3），所以總體來看，動用到保證收益率的機會不高。

　　回到試算案例，由於國人就學、當兵等關係，踏入職場的時間愈

來愈晚，所以案例中是以 30 歲、每月薪水為 3 萬 1,000 元為起點開始提撥，並假設固定每年加薪 1.5%，這樣到了 65 歲時，薪水為 5 萬 1,429 元。

勞退帳戶投資年化報酬率取整數 5%，累積 35 年，專戶中會有 255 萬 9,889 元的資金，退休後，每個月可以領 1 萬 6,824 元（勞退金額試算詳見圖解教學）。

此外，除了雇主每個月提撥至少薪資的 6% 外，勞工自己也可以提撥 1% 至 6% 到個人的勞退專戶中，同樣享有最低保證收益，且因為勞退至少要年滿 60 歲才可以請領，等於強迫儲蓄到 60 歲之後，才可以動用這筆資金。

支柱3》勞保：提早請領老年年金，金額相對較低

勞保部分，以分期每月領的老年年金來說，採用以下 2 個公式計算，擇優發放。

公式 1》平均月投保薪資 × 保險年資 ×0.775% ＋ 3,000 元
公式 2》平均月投保薪資 × 保險年資 ×1.55%

公式中「平均月投保薪資」是指對照「勞工保險投保薪資分級表

表2 **勞保月投保薪資最高為4萬5800元**
——勞工保險投保薪資分級表

投保薪資等級	月薪資總額（元）	月投保薪資（元）
第 1 級	25,250 以下	25,250
第 2 級	25,251 至 26,400	26,400
第 3 級	26,401 至 27,600	27,600
第 4 級	27,601 至 28,800	28,800
第 5 級	28,801 至 30,300	30,300
第 6 級	30,301 至 31,800	31,800
第 7 級	31,801 至 33,300	33,300
第 8 級	33,301 至 34,800	34,800
第 9 級	34,801 至 36,300	36,300
第 10 級	36,301 至 38,200	38,200
第 11 級	38,201 至 40,100	40,100
第 12 級	40,101 至 42,000	42,000
第 13 級	42,001 至 43,900	43,900
第 14 級	43,901 以上	45,800

註：此表為 2022.01.01 施行版本，最新資訊請依勞動部公告為準
資料來源：勞動部勞工保險局

（詳見表 2 ）」後，加保期間最高的 60 個月之月投保薪資平均。

　　以試算的案例來看，假設 30 歲起薪為 3 萬 1,000 元，每年固定加薪 1.5%，到了 54 歲時，每個月薪水已達 4 萬 4,315 元，即適

用勞工保險投保薪資分級表中的最高級距——第 14 級，所以工作到 65 歲，這 11 年皆以此標準投保，故最高 60 個月的平均月投保薪資為 4 萬 5,800 元。

若採用公式 1 計算，年金給付額為 1 萬 5,423 元；若採用公式 2 計算，則為 2 萬 4,847 元（詳見圖 4）。在擇優發放的前提下，退休族每個月可以領到 2 萬 4,847 元，再加上前述的個人理財儲蓄所帶來的現金流 6 萬 3,821 元、以及勞退的 1 萬 6,824 元，合計每月可以擁有 10 萬 5,492 元的資金，應付生活所需。

關於勞保老年年金給付請領年齡，2022 年為 63 歲、2024 年為 64 歲、2026 年後為 65 歲，只要年滿法定請領年齡且保險年資合計滿 15 年以上，就可以請領，如果提早領或延後領，則有減給老年年金給付或展延老年年金給付。

簡單說，就是假設 65 歲才可以請領，但申請提早領，年金會少一點；若延後領，則年金會多一些。

規畫資產組合須留意2項風險

透過上述試算可以發現，退休後想要月領 10 萬元確實不是很困

以2公式計算勞保老年年金，擇優發放
——勞保老年年金試算

◎試算情境：假設30歲開始工作，起薪3萬1,000元，每年固定加薪1.5%，投保年資35年，65歲退休時，每月可以領到多少勞保老年年金？

公式1》

| 平均月投保薪資 | × | 保險年資 | × | 0.775% | + | 3,000元 |

4萬5,800元×35年×0.775%＋3,000元＝**1萬5,423元**

公式2》

| 平均月投保薪資 | × | 保險年資 | × | 1.55% |

4萬5,800元×35年×1.55%＝**2萬4,847元**

擇優發放，所以每月可領2萬4,847元

難的事，不過，大家在運用 ETF 等資產規畫現金流時，要留意以下2項風險：

風險1》勞保改革導致年金縮水

勞保制度像是一個「大水缸」，加保的人將水倒進去，有需要的人就去喝，但現況是：補水進去的人愈來愈少、喝水的人卻愈來愈多，所以近年來，勞保一直有破產的疑慮。

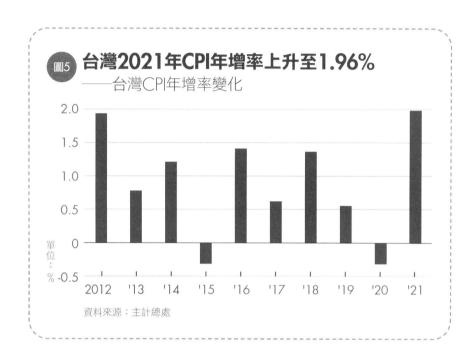

圖5 **台灣2021年CPI年增率上升至1.96%**
——台灣CPI年增率變化

單位：%

2012　'13　'14　'15　'16　'17　'18　'19　'20　'21

資料來源：主計總處

雖然勞保目前仍是重要的社會保險，不過「多繳、少領」已是改革的共識，未來勞保的老年年金給付金額恐怕只減、不增，所以在規畫時，要將來自勞保老年年金的現金流保守估計，或許可以半數計算，甚至極端一點，乾脆不要考慮有勞保老年年金的存在。

補充一點，很多人會把「勞退」和「勞保」搞混，擔心它們都有破產的疑慮，但勞退是個人的專戶，可以想像成個人的「水壺」，年輕的時候裝了多少水進去、將來就可以喝到多少水，完全不會有

CPI年增率愈高，實質購買力愈低
——CPI年增率與實質購買力的變化

CPI 年增率（%）	35 年後，10 萬元的實質購買力
1.0	約 7 萬 591 元
1.5	約 5 萬 9,387 元
2.0	約 5 萬 3 元

破產、被消失的問題。

風險 2》通膨恐降低實質購買力

因為各國多以溫和通膨作為經濟目標，所以物價基本上只會愈來愈高，因此現在算出來，退休後月領 10 萬元，乍看之下是非常不錯的數字，但未來這 10 萬元的實質購買力，會視通膨狀況「決定你還能買些什麼」。

觀察台灣的消費者物價指數（CPI）年增率，近 10 年來在 -0.3% 至 1.96% 間（詳見圖 5），平均值為 0.93%。我們用每年通膨 1%、1.5%、2% 來推估，現在的 10 萬元，在 35 年後，會僅剩下約當於現在 7 萬元、6 萬元、5 萬元的實質購買力（詳見表 3）。

　　不過，通膨的狀況受到大環境影響，沒有人可以控制它，我們唯一能做的就是多一點準備，妥善規畫，用 ETF 穩健累積、考量勞退與勞保可以帶來的額外現金流，讓自己可以盡量實現人生路上的大、小願望，也不必當「下流老人」。

圖解教學　勞退金額試算

想知道自己將來每個月可以領到多少勞退，可利用勞動部免費試算網站「勞工個人退休金試算表（勞退新制）」（網址：calc.mol.gov.tw/trial/personal_account_frame.asp），進行試算。

進入網頁後，依序填入：❶「個人目前薪資（月）」，此處以月薪3萬1,000元為例；❷「預估個人退休金投資報酬率（年）」，建議以勞退基金近10年收益率平均值約5%為依據，保守者可酌減；❸「預估個人薪資成長率（年）」，此處以1.5%為例；❹「退休金提繳率（月）」即雇主與自行提撥的合計百分比，若自己沒有提撥，僅由雇主提撥6%，則填入6、若自己有提撥6%，則填入12，此處以6%為例；❺「預估選擇新制後之工作年資」，以工作35年為例，就填入35；❻「預估平均餘命」，若打算60歲退休，點選24年，此處以65歲退休為例，則點選20年；點選❼「試算」。

勞工個人退休金試算表(勞退新制)

個人目前薪資（月）：	31000	元 ❶
預估個人退休金投資報酬率（年）：	5	% ❷
預估個人薪資成長率（年）：	1.5	% ❸
退休金提繳率（月）：	6	% ❹
預估選擇新制後之工作年資：	35	年 ❺
預估平均餘命：	◉20年　○24年	❻

結清舊制年資移入專戶之退休金至退休時累積本金及收益: 0　元

❼ 試　算　　　重　算　　　計算明細

預估可累積退休金及收益：	元
預估每月可領月退休金：	元
預估每月可領月退休金之金額佔最後三年平均薪資比例： （所得替代率）	%

接續
下頁

接著,可得到❶「預估可累積退休金及收益」、❷「預估每月可領月退休金」金額,勞退帳戶可以累積255萬9,889元、換算每月可領得1萬6,824元的退休金。

勞工個人退休金試算表(勞退新制)

個人目前薪資(月):	31000 元
預估個人退休金投資報酬率(年):	5 %
預估個人薪資成長率(年):	1.5 %
退休金提繳率(月):	6 %
預估選擇新制後之工作年資:	35 年
預估平均餘命:	◉ 20年 ○ 24年
結清舊制年資移入專戶之退休金至退休時累積本金及收益:	0 元

試算　　重算　　計算明細

預估可累積退休金及收益:	2,559,889 元 ❶
預估每月可領月退休金:	16,824 元 ❷
預估每月可領月退休金之金額佔最後三年平均薪資比例: (所得替代率)	33.19980266403552 %

資料來源:勞動部網站

建立資產配置　完善投資計畫

國家圖書館出版品預行編目資料

人人都能學會靠ETF聰明存千萬全圖解／《Smart智富》真‧投資研究室著. -- 一版. -- 臺北市：Smart智富文化，城邦文化事業股份有限公司，2022.08
面；　公分
ISBN 978-626-96345-1-4(平裝)

1.CST: 基金 2.CST: 投資

563.5　　　　　　　　　　　　　111012145

Smart 智富
人人都能學會靠ETF聰明存千萬全圖解

作者　《Smart 智富》真‧投資研究室
企畫　林帝佑、周明欣、鄭　杰、謝宜孝

商周集團
執行長　郭奕伶

Smart 智富
社長　林正峰（兼總編輯）
總監　楊巧鈴
編輯　邱慧真、施茵曼、梁孟娟、陳婕妤、蔣明倫
　　　劉鈺雯
資深主任設計　張麗珍
版面構成　林美玲、廖洲文、廖彥嘉

出版　Smart 智富
地址　115 台北市南港區昆陽街 16 號 6 樓
網站　smart.businessweekly.com.tw
客戶服務專線　（02）2510-8888
客戶服務傳真　（02）2503-6989
發行　英屬蓋曼群島商家庭傳媒股份有限公司城邦分公司

製版印刷　科樂印刷事業股份有限公司
初版一刷　2022 年 8 月
初版二刷　2024 年 9 月
ISBN　978-626-96345-1-4